O poder da Gentileza

O Modo como você trata as pessoas determina quem você é!

Rosana Braga

O poder da Gentileza

O Modo como você trata as pessoas determina quem você é!

QUALITYMARK

Direção Editorial
SAIDUL RAHMAN MAHOMED
editor@qualitymark.com.br

Produção Editorial
EQUIPE QUALITYMARK

Capa
ARTES & ARTISTAS
Renato Martins

Editoração Eletrônica
ARAÚJO EDITORAÇÃO

1ª Edição: 2010

1ª Reimpressão: 2011
2ª Reimpressão: 2013

CIP-Brasil. Catalogação-na-fonte
Sindicato Nacional dos Editores de Livros, RJ

B795p

Braga, Rosana
O poder da gentileza : o modo como você trata as pessoas determina quem você é! / Rosana Braga. – Rio de Janeiro. : Qualitymark Editora, 2013.
144 p. ; 23 cm.

Inclui bibliografia e índice
ISBN 978-85-7303-932-0

1. Gentileza. 2. Comunicação interpessoal. 3. Relações humanas. 4. Conduta. I. Título.

10-3021

CDD: 158.2
CDU: 316.47

2013
IMPRESSO NO BRASIL

Qualitymark Editora Ltda.
Rua Teixeira Júnior, 441 – São Cristovão
20921-405 – Rio de Janeiro – RJ
Tel.: (21) 3295-9800 ou 3094-8400

QualityPhone: 0800-0263311
www.qualitymark.com.br
E-mail: quality@qualitymark.com.br
Fax: (21) 3295-9824

Os fracos é que são cruéis. Só se pode esperar a brandura dos fortes.

Leo Buscaglia

Agradecimentos

Agradeço e dedico este livro às pessoas que tiveram comigo, ou diante de mim, uma atitude gentil, mostrando-me o poder desta escolha: apostar na gentileza como modo de ser e de viver. Mas agradeço e dedico, sobretudo, àquelas que tiveram comigo, ou diante de mim, uma atitude intolerante e grosseira, porque foi motivada pelo sentimento que elas me provocaram que tomei a decisão de, toda vez que me perceber irritada e pouco disposta a ser tolerante, esforçar-me ainda mais para vivenciar a gentileza. Assim, certamente estarei fazendo parte de um mundo menos dolorido do que este que temos experimentado.

Prefácio

Não é o cérebro que importa mais, mas sim o que o orienta: o caráter, o coração, a generosidade, as ideias.

(Dostoievski)

A violência e a intolerância têm dominado o mundo. Observe como elas estão ao seu redor: nos noticiários da televisão, nas páginas dos jornais e das revistas, nas conversas em rodas de amigos.

Impotentes que nos sentimos diante de sua escalada, recorremos às leis – contratos firmados entre os homens para regular a convivência em sociedade. Passamos a defender a pena de morte, maior rigor na aplicação das normas, a antecipação da maioridade penal. Buscamos proteção e nem sequer percebemos que pouco contribuímos para alcançá-la.

O efeito estufa ganha notoriedade e o aquecimento global deixa de ser retórica de cientistas para mostrar sua face real. Estamos comprometendo nossa sustentabilidade e as gerações futuras.

Os males que nos afligem decorrem de nossa natureza individualista. Não nos contentamos em sermos ambiciosos. Cultivamos a ganância. Queremos sempre mais: mais posses, mais bens, mais exposição, mais coisas quantificáveis, palpáveis, que possam ornamentar uma parede ou serem vistas sobre um móvel de mármore. E, em contrapartida, temos menos carinho, companhia, afeto. Beijamos pouco e abraçamos menos ainda.

Todo jovem, em algum momento de sua vida, nutre a utopia de contruir uma sociedade mais justa, em que as diferenças socioeconômicas sejam abrandadas. Ele sabe de sua força e da importância de suas ações para obter esse feito. Mas a idade adulta nos visita e passamos a acreditar que a humanidade não pode ser salva e que uma atitude pontual é insuficiente para surtir efeito.

Aqui reside a grande quebra de paradigma. São as pequenas ações individuais, tomadas coletiva e sucessivamente, a gênese da transformação. Lembro-me de um provérbio chinês que diz: *Antes de iniciares a tarefa de mudar o mundo, dá três voltas na tua própria casa.*

A este processo contínuo e envolvente denominei "Espiral da Ética". A imagem da espiral remete a algo flexível e em constante movimento ascendente. E a ética invoca os preceitos morais que habitam com naturalidade nosso íntimo.

Alimentamos essa Espiral da Ética através de nossos comportamentos e atitudes. Poderíamos desfilar aqui muitos exemplos, mas você poderá fazer sua própria lista e começar a colocá-la em prática imediatamente. Inspirado nesta nova e poderosa obra de Rosana Braga, resolvi chamar a cada uma dessas ações de "pílulas de gentileza".

Trata-se de pequenas drágeas encapsuladas na mente e sorvidas pelo coração. O princípio ativo é dado pelo amor, com elevada concentração de generosidade e benevolência. A posologia recomenda administrar uma autêntica *overdose* diária. Os efeitos colaterais são variados e os estudos a este respeito ainda não foram concluídos. Sabe-se apenas que, no curto prazo, foram observados: ocorrência de brilho no olhar, redução da angústia e da ansiedade, surtos frequentes de entusiasmo e alegria. E, no longo prazo, a expectativa de um lugar melhor para se viver.

Estou certo de que após ler *O Poder da Gentileza*, conscientizando-se e agindo em direção a práticas mais nobres e menos superficiais, você encontrará sua essência, a paz e a calma que tanto merece. Ao fazer isso por você, estará fazendo também por mim. E por todos nós.

Tom Coelho, *professor universitário, escritor e palestrante.*

Sumário

Introdução

Logique du Coeur (A Lógica do Coração)

Nunca vi nem nunca ouvi dizer, em toda minha vida, sobre alguém que não gostasse de ser tratado com gentileza. Também nunca soube de alguém que tenha se ofendido ao ser considerado gentil. Sendo assim, não me resta dúvida de que o assunto aqui abordado é de interesse universal: o desejo amplo e irrestrito de ser tratado com consideração, respeito e – por que não dizer – amor e carinho.

Quanto mais observo e estudo, mais compreendo algo genuíno no ser humano: nascemos para sermos aceitos e queridos. E mesmo os mais rebeldes, que não se cansam de afirmar que pouco se importam com a opinião dos outros, vivem inconscientemente em função disso – querem apenas e, sobretudo, ser vistos e reconhecidos.

E por ser tão legítimo e universal é que pode parecer estranho transformar em tema de livro um comportamento que deveria ser intrínseco e espontâneo, já que é fundamental para a manutenção da saúde mental, física, espiritual e emocional de todos nós.

Entretanto, aí é que está a grande questão: em detrimento do que é essencial, desperdiçamos grande parte de nossa vida investindo tempo e energia consideráveis em comportamentos que julgamos, equivocadamente, mais valiosos. Vivemos iludidos com a ideia de que é o quanto temos – e não o quão gentilmente vivemos – que nos dá o *status* que tanto temos buscado. Lamentável engano. Uma ingenuidade que tem nos custado caro, muito caro!

Leonardo Boff escreveu um texto que chamou de *Espírito da Gentileza*, no qual citou Blaise Pascal (1623-1662), gênio da matemática, inventor da máquina de calcular, filósofo e místico:

> *Pascal percebeu a grande contradição dos tempos modernos que acabavam de se firmar: a desarticulação entre dois princípios que ele chamou de* esprit de géométrie *e* esprit de finesse. *Espírito de geometria representa a razão calculatória, instrumental-analítica, que se ocupa das coisas, a ciência moderna que com seu poder mudou a face da Terra. Espírito de finura que nós traduzimos por espírito de gentileza representa a razão cordial –* logique du coeur *(a lógica do coração) segundo Pascal – que tem a ver com as pessoas e as relações sociais, com outro tipo de ciência que cuida da subjetividade, do sentido da vida, da espiritualidade e da qualidade das relações humanas.*
>
> *Ambas as razões são necessárias para darmos conta da existência. O drama da modernidade consiste na desarticulação destas duas razões imprescindíveis. De início se combateram mutuamente, depois, marcharam paralelas e, hoje, buscam convergências na diversidade, no esforço, ainda que tardio, de salvar o ser humano e a integridade da natureza. O fato é que o espírito de geometria foi inflacionado; com ele criamos o mundo dos artefatos, bons e perversos, desde a geladeira até a bomba atômica.*

E termina, brilhantemente:

> *...O espírito de gentileza nunca ganhou centralidade, por isso somos tão vazios e violentos. Hoje ele é urgente. Ou seremos gentis e cuidantes ou nos entredevoraremos.*

Tudo isso se deve, muito provavelmente, ao fato de que, dia após dia, temos tentado garantir nosso lugar ao sol, como se lutássemos uns contra os outros, correndo o risco de perdermos prestígio, bens materiais, posição social mais destacada, entre outros valores que, em última instância, não têm nos conduzido ao lugar em que realmente gostaríamos de estar. E quando nos damos conta disso, compreendemos perfeitamente o que quis dizer Leonardo Boff quando afirmou "por isso somos tão vazios e violentos". Sim, porque talvez você possa discordar – e com razão – revelando que não é uma pessoa "tão vazia e tão violenta". Mas eu convidaria você a uma importante reflexão: e, de vez em quando, será que você não se sente um tanto vazio? E em alguns momentos de crise e dificuldades, será que você nunca se manifesta violentamente, seja com palavras, com o tom de voz, seja até mesmo avançando fisicamente contra quem o provoca ou ofende?

E, sendo assim, considerando que somos quase sete bilhões de pessoas no mesmo planeta, será que um pouco de vazio aqui, mais um tanto de vazio ali, somando uma pequena violência, com outra um tantinho maior, não temos dado sentido real e aterrorizante à afirmação de Boff??? Será mesmo que ainda cabe alguma dúvida de que a gentileza é urgente? E que se você e eu não começarmos agora a investir mais no afeto e na tolerância não chegaremos a ponto de nos entredevorar? Eu diria, meu caro irmão, que já estamos nos entredevorando... voce discorda?

O fato é que, embora insistamos em acreditar que o alvo de nossa busca esteja nas "coisas" (ainda que para impressionar ou agradar a quem amamos), no fundo, no fundo, estamos famintos de felicidade, prazer e amor – o que, definitivamente, não está nas "coisas" e sim nas relações que temos com as pessoas. E somente quando nos comprometermos com a qualidade dessas relações, somente aí é que finalmente nos sentiremos plenos, preenchidos e em paz!

Como bem disse Dalai Lama:

> *Se você continuar a ver os outros como inimigos, não importa o conhecimento ou o nível de instrução que você tenha, não*

importa o progresso material que alcance, só haverá sofrimento e confusão no cômputo final. O homem vai continuar enganando e subjugando outros homens, mas insultar ou maltratar os outros é algo sem propósito.

Ao longo deste livro, cito algumas "pessoas-exemplo", que fizeram a diferença na vida de muitas outras. Nelas me inspirei e me nutri para desenvolver este tema. Pessoas que dedicaram suas vidas à gentileza de forma admirável e transformadora, fosse no ambiente familiar, fosse na sua comunidade, fosse no mundo. Algumas anônimas, outras populares, mas todas com algo tão belo em comum quanto cada vez mais raro: a capacidade de – sem desconsiderar a importância do amor próprio – enxergar o outro como a pessoa mais importante! Vou falar melhor sobre isso mais adiante.

E é realmente encorajador saber que muitos nomes podem ser enaltecidos porque promoveram (e vão promover para sempre) profundas mudanças positivas usando a gentileza como sua mais poderosa ferramenta! Começando por Jesus Cristo, um ícone da mais exemplar postura gentil, e passando por outros notáveis como Mahatma Gandhi, Buda, Nelson Mandela, Sai Baba, Dalai Lama, Martin Luther King, Madre Tereza de Calcutá, Zilda Arns e muitos outros que nos fazem ter certeza de que muito temos a aprender! Alguns deles ainda estão por aqui, nesta dimensão, entre nós. Outros estão passeando por dimensões superiores, mas certamente contribuindo com sua história para a evidente transformação pela qual o Universo vem passando!

O objetivo maior, enfim, é lembrarmo-nos (também a mim mesma) do quanto precisamos cuidar daquilo que conquistamos, seja nosso carro, nossa casa, roupas e móveis, livros e obras de arte; mas do quanto temos nos esquecido de que existem conquistas infinitamente mais importantes, absolutamente imprescindíveis. E, assim, temos deixado em segundo plano o cuidado – delicado, carinhoso e atento – com as pessoas, o outro, a vida. E o quanto isso tem sido desastroso, catastrófico, simplesmente nefasto para cada um de nós, para o planeta, para o Universo!

Leo Buscaglia escreveu – e eu li pela primeira vez aos 19 anos de idade: "Primeiro as pessoas, depois as coisas". Nunca me esqueci dessa frase, embora tenha me esquecido de transformá-la em atitudes e escolhas, ao longo de todos esses anos, muito mais vezes do que gostaria.

É exatamente este o apelo da gentileza: primeiro as pessoas. Primeiro os outros (e não estou, de forma alguma, ignorando a importância de se amar e de se respeitar)! E primeiro o outro, não porque inevitavelmente nos sentiremos bem ao fazer o bem, mas porque, sobretudo, está na hora de nos lembrarmos de que nada somos sem as pessoas, porque o mundo é como um imenso "quebra-cabeça"...

Cada um de nós é uma peça fundamental, sem a qual o desenho jamais ficaria completo. No entanto, uma peça é apenas uma peça, muito distante de ser o desenho e, por isso, sozinhos nos tornamos como que sem significado; em última instância, se nos mantivermos alheios ao todo, passamos a ser descartáveis, justamente porque nossa existência perde o sentido sagrado de completude.

Então, aposto, sobretudo, que seja urgente levarmos em conta o fato de que somos todos um, de que cada ação reflete indiscutivelmente no todo, e, por fim, de que a sua (e a minha) gentileza é, nesta medida, poderosa o bastante para mudar o mundo, mais do que qualquer erudição, mais do que qualquer posto hierárquico, mais do que toda e qualquer riqueza possível de se acumular!

Para reforçar meu intuito ao escrever este livro, repito e faço minhas as palavras de Blaise Pascal:

Ou seremos gentis e cuidantes ou nos entredevoraremos.

Rosana Braga

Capítulo 1

Muito além da Educação

Há quem entenda a palavra "gentileza" como um sinônimo de "educação", acreditando que atitudes como desejar bom-dia, boa-tarde e boa-noite, pedir por favor, dizer obrigado, abrir a porta do carro para uma dama, ceder seu lugar aos idosos ou qualquer outra equivalente lhe garanta o título de gentil!

Certamente, tudo isso é também gentileza, mas é – antes de mais nada – um comportamento social, cultural, que faz parte das boas regras de convivência e, com isso, da boa educação. E, embora algumas pessoas dispensem deliberadamente um comportamento bem-educado, mesmo conhecendo o seu valor, existem aquelas que, por força das circunstâncias, não tiveram a *chance* de aprender tais regras.

Portanto, felizmente, não é a educação que, em princípio, torna uma pessoa gentil. A gentileza está muito além das regras sociais e culturais. É uma particularidade superior, de alma, de caráter, que tem a ver com personalidade, postura e com a conduta íntima de cada um. Não se trata de aparência, nem de fingimento ou estratégia para ludibriar alguém e conseguir o que se quer. Também não se trata de uma ferramenta para vender mais ou de um modo de envolver e conquistar uma pessoa, embora também sirva para tudo isso.

Ou seja, não quero tratar aqui de uma gentileza protocolar. Também não quero focar a importância da boa educação – deixo esta tarefa para os manuais de etiqueta, tão úteis e adequados para certas ocasiões. Pretendo tocar mais fundo. Desejo, e desculpo-me pela pretensão, tratar da gentileza genuína, daquela que, mesmo podendo aflorar a partir do conhecimento, mesmo podendo ser aprendida e praticada, tem de passar antes pelo coração, tem de ganhar *status* de sentimento, tem de ser compreendida como parte intrínseca de nossa missão de vida.

O poder a que me refiro no título deste livro não tem a ver com influenciar o outro, convencer quem quer que seja sobre certa crença ou valor. Tem a ver, sobretudo, com a compreensão de que o outro é sempre um mestre, é uma escola, é uma oportunidade incrível de sermos pessoas melhores, especialmente quando a atitude dele é pouco ou nada gentil. Khalil Gibran sabiamente observou como costumamos julgar as pessoas sem percebermos o quanto podemos aprender com elas:

> *Aprendi silêncio com os falantes,*
> *tolerância com os intolerantes*
> *e gentileza com os rudes.*
> *E, ainda assim, estranho, sou ingrato a esses mestres.*

Gentileza também não pode significar "aproveitar-se" do outro no sentido de tirar vantagem das relações, dos encontros proporcionados pela vida. Gentileza nada mais significa que o entendimento real de que todas as pessoas merecem, de fato, ser tratadas de modo respeitoso, amigável e gentil. Afinal, são, sobretudo, obras tão divinas e tão singulares quanto eu e você, ainda que a maioria não tenha se dado conta disso.

Utópico? Talvez aparentemente, mas realmente acredito no que estou escrevendo e tenho provas; tenho exemplos o tempo todo e estou certa de que você também tem. Basta observar! Agora, se você quiser saber qual o preço que terá de pagar pela prática diária e constante da gentileza, preciso ser honesta: o valor é alto! Até porque estamos falando de um comportamento cada vez mais valorizado e que, de quebra, rende vantagens imponderáveis ao seu praticante. Mas vale lembrar que este preço nada tem a ver com moeda, valor monetário, e sim com disponibilidade, dedicação, disciplina, objetivo, trabalho interior e meta soberana.

Difícil, então, ser gentil? Depende! Depende do quanto você consegue entender que isso pode dar à sua vida um novo sentido, acender uma luz que esteve, até então, apagada ou opaca. Depende do quanto você compreende que a gentileza não é apenas uma ferramenta criativa, mas um modo de viver, uma guia-mestra, uma fantástica característica de personalidade, enfim, praticamente uma missão de vida! Claro que os muitos ganhos fazem todo o esforço valer a pena, afinal, é justamente por fazermos parte de um mundo tão hostil que a gentileza tem se tornado um poder.

Sendo assim, posso lhe adiantar que, ao praticar a gentileza, você certamente será destaque em seu ambiente de trabalho, seguramente vai conquistar um número muito maior de amigos verdadeiros, além de atrair e envolver bem mais facilmente pessoas por quem se interesse e com quem queira tentar uma relação amorosa. Posso também lhe garantir que a gentileza será uma característica sua muito bem quista socialmente, fazendo com que você se torne alvo de convites para festas, reuniões e encontros entre grupos das mais diversas ordens. No entanto, não é exatamente (ou somente) este o objetivo dessa proposta. Não é por conta dessas vantagens que pretendo convencê-lo a ser uma pessoa gentil. Muito pelo contrário! Pretendo lhe mostrar o quanto o mundo precisa da gentileza gratuita, daquela que, num primeiro momento, não lhe rende nenhum ganho.

Pretendo incentivar a atitude gentil pelo simples desejo de transformar o mundo num lugar menos hostil, menos vazio, menos violento. Sobretudo, menos desequilibrado. E isso pode levar mais tempo do que se imagina. Nem sempre os benefícios são imediatos. Além disso, infelizmente, você ainda terá de considerar uma reação peculiar da maioria das pessoas a partir do momento em que decidir assumir uma postura mais gentil: a desconfiança! Desconfiamos do bom, do gratuito, do prazer e da felicidade. Estranho, né? Mas é assim, pode observar! Desejamos profundamente o prazer e a felicidade, mas basta que esses presentes nos sejam disponibilizados e pronto! Imediatamente começamos a alimentar crenças negativas como "quando a esmola é demais, o santo desconfia" ou "tudo o que é bom dura pouco!", e por aí vai...

E tem mais: talvez você nem chegue a desfrutar das consequências mais marcantes dessa escolha. O que a sua gentileza pode causar sobre o mundo talvez seja realmente percebido somente depois que você já não estiver por aqui. Mas, para mostrar que ainda assim tudo isso vale muito a pena, transcrevo aqui um trecho do texto de Sâmara Jorge, psicóloga junguiana e pessoa sensivelmente gentil, que promove mudanças profundas com seu trabalho, suas atitudes e sua história de vida...

> *Recuso-me a vestir uma armadura ou criar uma casca tão grossa que pudesse ferir a quem estivesse próximo a mim. Definitivamente, não acredito que tenhamos de nos tornar pessoas grosseiras, bélicas, que se sentem desafiadas a disputar poder o tempo todo. Tampouco acredito que devemos ensinar nossos filhos a se defender com agressividade.*
>
> *Não quero dizer, com isso, que devemos perder a capacidade de nos indignar, ser frouxos, passivos ou silenciar por medo de demonstrar uma reação. Muito pelo contrário! Há que se ter muita força e sabedoria para saber calar quando necessário e argumentar com firmeza, sem perder a dimensão do respeito e da delicadeza, ou, ainda, o momento de agir com assertividade e objetividade.*
>
> *Quem não se lembra do ato do estudante que, na China, se colocou diante de um tanque de guerra, sem nenhuma arma ou ameaça? Atitudes desse tipo exigem segurança e coragem, muita coragem... segurança das suas convicções e a certeza de estar agindo de acordo com seus ideais. Sim, porque ter um discurso pacifista ou julgar as pessoas que são indelicadas é muito simples e, na maior parte das vezes, ineficiente. Difícil e eficiente, mesmo, é ter o discurso e praticá-lo, nas pequenas situações do cotidiano.*

É isso! Sâmara está dizendo que ser gentil tem muito mais a ver com sabedoria e coerência do que com educação e conhecimento, como acerta o provérbio "Um punhado de paciência vale mais que um barril de talentos". Enfim, gentileza não se trata de um comportamento para se ter somente ao sair de casa, com o porteiro, o taxista ou a recepcionista da empresa, mas de atitudes integradas ao corpo, ao coração, disponíveis a todos indistintamente, e especialmente àqueles com quem mais convivemos, porque são esses os primeiros a desafiar nossa capacidade de sermos genuinamente gentis. Além disso, nenhuma gentileza do mundo faria sentido se não estivesse a serviço das relações mais importantes de nossa vida, não é mesmo?

Enfim, o convite para a prática da gentileza é, acima de tudo, amplo e irrestrito, trata-se de você com o mundo. De você com aqueles que nem conhece e talvez nunca venha a conhecer. De você consigo mesmo. Que você seja gentil na mesma medida que alguém pede por amor através desta sábia frase:

> *Ame a mim quando eu menos merecer, pois será, certamente, o momento em que mais estarei precisando de amor.*

Ou seja, que consiga agir com gentileza quando a situação ou uma pessoa menos merecer, porque será justamente nesse momento em que ela mais estará precisando. Sabe por quê? Porque, se não for assim, se não começarmos agora a tratar com gentileza as pessoas, e, especialmente, quando elas menos merecerem, o diagnóstico será fatal, a considerar pelo que já estamos vivenciando: um mundo repleto de pessoas que, por um pequeno descuido, erraram na dose da autoestima e, com isso, têm transformado suas vidas num imenso buraco chamado solidão.

Excesso de autoestima?

Explico! É justamente por causa do problema que criamos com esse excesso de autoestima que insisto que apostemos na gentileza gratuitamente, investindo num plano cujos resultados podem vir somente a longo prazo, e não por causa do que podemos ganhar imediatamente. Amor próprio é essencial, mas quando esse amor se torna autorreferente, egoísta e nos impede de ver o que está acontecendo ao redor, de enxergar o outro, algo está definitivamente errado!

E, de algumas décadas para cá, tem-se valorizado demasiadamente o amor-próprio, o autorrespeito, a capacidade de se colocar em primeiro lugar e de respeitar os próprios desejos. Isso tudo é, sem dúvida, muito importante, haja vista que ninguém é capaz de amar o outro sem antes amar a si mesmo. Acontece que erramos na dose. Exageramos. Passamos do ponto. Compreendemos essa dinâmica de modo equivocado e isso tem nos gerado outros sintomas desastrosos: arrogância, mesquinharia, prepotência e soberba. E, como consequência, um imenso vazio interior, uma sensação de saudade de nós mesmos, de humanidade, enfim, de laços de afeto.

Simplesmente porque perdemos a noção do valor do outro. Esquecemos de uma verdade que Sérgio Scabia, criador e administrador do *site* SOMOS TODOS UM, não se cansa de repetir: "Eu sou o outro você!" Isso quer dizer que eu e você, embora sejamos singulares, somos também iguais. Iguais em direitos, deveres, expectativas, medos e esperanças. Eu e você temos sede de amor. Queremos ser amados e aceitos. Eu e você esperamos ser tratados com gentileza. Portanto, precisamos uns dos outros. Eu de você e você de mim. Não tem essa de dependência ou independência. Não somos dependentes porque temos o livre arbítrio e somos responsáveis por nossas próprias escolhas e suas consequências. E não somos independentes porque não vivemos sozinhos, porque nossa existência e sobrevivência só são possíveis por causa da intervenção e da contingência de outras. Sendo assim, somos interdependentes. Estamos todos atrelados e entrelaçados uns aos outros e, em última instância, sofremos juntos pelo resultado que conseguimos em comum.

O problema é que, ocupados demais com nossos próprios interesses, focados em nossos próprios sentimentos como se eles fossem sempre os mais importantes, e profundamente enganados sobre o que seja o amor, esquecemo-nos de olhar para o lado, de nos interessar pelo que o outro tem sentido, pelo que temos lhe causado. Simplesmente nos esquecemos de, de vez em quando, perguntar: você precisa de alguma coisa? Posso fazer algo para que você se sinta mais feliz, mais amado, mais querido? Como posso melhorar para que nosso encontro seja mais criativo, mais produtivo e mais satisfatório?

Confusos e ansiosos para nos sentirmos importantes, temos nos dado conta, cada dia mais – mesmo sem entendermos exatamente como e por que –, de que nos tornamos defendidos, impacientes, contraditórios e agressivos até! E, paradoxalmente, carentes, submetidos, inseguros e, em alguns casos, chegamos até a implorar por um pouquinho de atenção e carinho. Ou seja, muitos de nós estão sem referências de um amor digno, construtivo, equilibrado. Aceitam migalhas só para tentar diminuir esse desespero sufocante! E depois, numa tentativa de aliviar o peso desse tremendo conflito, ainda acusam o outro e a vida deliberadamente, como se fossem inocentes e indefesas vítimas de terríveis "lobos maus".

Que bagunça! Nunca tivemos tanta "autoestima" e tão pouca tolerância, tanto "amor-próprio" e tão pouca gentileza, tantos títulos de mestres e doutores e tão pouca sabedoria para tirar os olhos de nosso próprio umbigo e interagir com o coração do outro. Tanta tecnologia e tão pouca confiança e ternura. Tantos canais de comunicação e tão pouca disponibilidade para ouvir de verdade. Tantas possibilidades de encontros e tantos desencontros, simplesmente porque não temos conseguido fazer realmente tudo isso valer a pena. Caímos numa armadilha! Depois de ouvirmos dizer, repetidas vezes, que as pessoas têm de nos aceitar como somos, perdemos a capacidade de refletir, de mudar, de admitir nossos erros e pedir perdão. Perdemos a noção do que significa relacionar-se.

Resultado? Um silêncio ardido, queimando a gente por dentro, fazendo a gente se sentir com um punhado de amor no peito, mas sem saber como dar, sem saber o que fazer com este desejo desesperado de amar. Sem saber como pedir socorro ou simplesmente dizer "não estou conseguindo demonstrar o quanto você é importante pra mim... tenho feito tudo errado... preciso que me ajude a me tornar melhor".

E aí a gente compreende o que cantou Alceu Valença, em *Solidão*:

...A solidão é fera,
É amiga das horas,
É prima-irmã do tempo,
E faz nossos relógios caminharem lentos
Causando um descompasso no meu coração...

É para isso, sobretudo, que nos servirá o poder da gentileza... para que nos saibamos imperfeitos, sim, mas prontos para crescer, aprender e compreender, enfim, que sem o outro simplesmente não existimos, não porque ele seja mais importante do que nós (sem essa de comparações ou medidas para os corações), mas porque somos partes de um mesmo todo que, se separados pela presunção e pela inflexibilidade, perde seu sentido maior. Charles Chaplin, sábio como ele só, previu essa sequência há muito tempo:

> *Pensamos em demasia e sentimos bem pouco. Mais do que de máquinas, precisamos de humanidade. Mais do que de inteligência, precisamos de afeição e doçura. Sem essas virtudes, a vida será de violência e tudo será perdido.*
>
> *Charles Chaplin*

Que tal pensar menos e sentir mais? Que tal mais afeto, mais doçura e menos, bem menos, agressividade no tom de voz, no uso das palavras? Que tal um punhadinho a mais de paciência? Que tal, enfim, praticar a máxima educação, mas compreender que é a conduta legitimamente gentil, acima de tudo, que vai fazer diferença no modo como tratamos as pessoas e em quem nos tornamos durante nossa existência?

Capítulo 2

Por que você deveria se tornar uma pessoa gentil?

É provável que você se pergunte, em algum momento desta leitura ou até mesmo em alguma ocasião em que estiver praticando a gentileza, por que deveria insistir nesta missão – nada fácil em determinadas circunstâncias – se tem se sentido inúmeras vezes maltratado! Sim, porque imagino que você já tenha se sentido desrespeitado pelo atendente de algum serviço pelo qual você estava pagando, ignorado e subjugado pelos governantes de seu próprio país, que você mesmo elegeu, ofendido e talvez até agredido por pessoas que você nem conhecia, seja no trânsito, na fila do banco, seja em meio às multidões anônimas das grandes cidades. Ou seja, não tenho dúvidas de que você tem argumentos bastante razoáveis para tentar me convencer de que ser gentil não garante reciprocidade e, dependendo da situação, talvez nem algum direito já adquirido enquanto cidadão e ser humano.

Arrisco imaginar ainda que, em algum momento da vida ou da leitura deste livro, você vai se questionar por que deveria acreditar que todas as pessoas merecem ser tratadas de modo afável e acolhedor se algumas delas já assaltaram sua família ou seus amigos, roubaram seu carro ou o de algum conhecido, picharam o muro da sua casa ou o do seu bairro e recusaram-se, veementemente, a lhe tratar com o mínimo de respeito e dignidade.

E eu lhe diria que você tem toda a razão e todo o direito de se questionar e até de me questionar sobre tudo isso. Realmente, não é nada fácil se comprometer com a gentileza num mundo em que não só pessoas que você sequer conhece, como também algumas que conhece muito bem, já deram demonstrações mais do que suficientes de que não estão dispostas a serem gentis com você.

Entretanto – por mais paradoxal que possa parecer –, creio que sejam justamente esses os principais motivos para que você se decida a interromper esse ciclo vicioso, essa dinâmica destruidora e que só tem fomentado tragédias, desespero, tristeza, lágrimas, dor e mais e mais violência.

É exatamente porque um número considerável de pessoas tem sido intolerante, inflexível e insensível diante do valor da vida que você deveria fazer diferente! Aí está o poder, a força, a mais sutil e eficiente ferramenta de superação! E isso, definitivamente, não significa se conformar com o que está acontecendo de ruim, mas, sim, de compreender, de uma vez por todas, que sermos amáveis e carinhosos com quem faz o mesmo com a gente é muito fácil; é até espontâneo e natural. Mas ser gentil com quem há muito se esqueceu de como se pratica esse comportamento, aí, sim, é admirável, é eficiente, é profundamente transformador.

Até mesmo no universo corporativo, as grandes empresas (ou as mais conscientes e comprometidas com a sustentabilidade do planeta de forma ampla, geral e irrestrita) já estão considerando a gentileza e as atitudes de conciliação e trabalho em equipe como habilidades imprescindíveis na contratação de seus colaboradores.

> *Não estamos em busca de habilidades técnicas, mas de pessoas simpáticas. Podemos treiná-las para fazer algo técnico, mas não podemos torná-las agradáveis.*

É o que afirma o presidente da agência de viagens Rosenbluth International. Já o contratante da Southwest Airlines disse: *A contratação começa pela busca de pessoas com boa atitude – é o que procuramos: pessoas que gostem de servir os outros.*

Pessoas agradáveis, simpáticas, com boa atitude, que gostem de servir os outros! O que é isso senão a preferência pelos verdadeiramente gentis? Mas, nesse caso, o da gentileza no papel profissional, ainda estamos falando de uma recompensa financeira. Ou seja, você é gentil e aumenta consideravelmente suas *chances* de ser contratado por grandes empresas, o que lhe renderá ganhos monetários, salários mais atraentes. E isso é mais do que fácil – é literalmente recompensador. Tudo bem, não estou dizendo que este não seja um ótimo motivo para investir na sua gentileza, afinal, é da sua carreira e do seu futuro que estamos falando, mas como muito bem escreveu meu grande amigo Aldo Novak – profissional brilhante, *coach* reconhecido por sua metodologia de transformar obstáculos em possibilidades – depois de uma conversa que tivemos sobre este assunto:

> *Um profissional gentil é exatamente aquele que acaba conquistando os ambientes de trabalho nos quais vive, e a admiração dos seus pares. Um profissional gentil, mesmo sob o pior estresse, conquista clientes, funcionários e colegas para toda a vida.*

Portanto, não se iluda com a possibilidade de apenas mascarar comportamentos a fim de conseguir um determinado cargo ou trabalho – ou seja lá o que for. De pessoas dissimuladas, cínicas e interesseiras já estamos fartos. Difícil mesmo é se manter fiel à gentileza quando o modo com que lhe tratam é justamente o contrário. Difícil é se manter no alto de sua convicção diante de alguém que lhe insulta e desafia. Gentil e evoluído de verdade é quem mantém o tom de voz firme, mas suave, com quem lhe ofende; é quem perdoa aquele que lhe rouba a serenidade.

Creio que aqui caiba perfeitamente o exemplo do muito notável Nelson Mandela, ganhador do Prêmio Nobel da Paz em 1993 e ex-presidente da África do Sul (1994-1999), que, mesmo depois de ter passado 27 anos de sua vida na prisão por causa de suas ações na incansável luta contra o *apartheid*, e de ter sido solto somente aos 72 anos de idade, manteve-se convicto de que é por meio da reconciliação, e não da guerra, que alcançamos resultados positivos e justos.

Mandela ganhou respeito internacional por suas ações de extrema gentileza com seu povo, a maioria negra, bem como com aqueles que avançaram e investiram contra ele. Porque, afinal, gentileza de verdade é assim: não importa a quem será oferecida, o que importa é que ela prevaleça. E muito melhor ainda se for num momento de tensão, discordâncias e frustrações.

Mas exatamente por ainda vacilarmos tantas vezes diante do compromisso com ações tão sutilmente eficientes como essa de Mandela que não vivemos somente guerras pontuais, militares, exércitos contra exércitos, defendendo algum interesse político de sua nação – o que já seria suficientemente nefasto. Vivemos também, muito infelizmente, guerras de cidadãos contra cidadãos, um a um. Guerras frias, silenciosas, destruindo casas e matando os mais diferentes tipos de relacionamento por inanição. Cada dia um pouco menos de calma, um pouco menos de diálogo, um tantinho mais de tempo dedicado à tevê e negado ao lazer interativo. Cada dia um pouco mais de distância, quase imperceptível a olhos nus, mas capaz de causar catástrofes inimagináveis, que derrubam fortalezas e fazem chorar feito crianças homens e mulheres que, descuidados, desatentos, passaram anos e anos se atacando por bobagens, perdendo a paciência por muito pouco. É... temos perdido a noção de afeto sem sequer nos darmos conta disso. E bastaria que, em algum momento de uma fatídica crise, parássemos e nos perguntássemos: o que realmente importa? O que re-al-men-te queremos da vida, dos relacionamentos que estabelecemos, seja no âmbito pessoal, seja no profissional???

Estou certa de que a resposta, quando corajosa e minimamente consciente, não é nada muito diferente de ser feliz. Só isso. No final das contas, só desejamos nos sentir queridos e valorizados. E é por esta razão, talvez a primordial dentre tantas outras, que acredito piamente que devemos nos tornar praticantes assíduos da gentileza. Mas não é só isso! *O bem que fazemos aos outros retorna ao nosso cérebro quando vemos o resultado estampado no alheio: fazer bem aos outros acaba nos fazendo bem também*, afirma Suzana Herculano-Houzel, neurocientista e professora da Universidade Federal do Rio de Janeiro (UFRJ).

Além dela, Jorge Moll, também neurocientista brasileiro, publicou um estudo em que mostra que a simples decisão de fazer o bem, muito antes de provocar qualquer sorriso, já envolve a ativação do sistema de recompensa do cérebro. Ou seja, decidir fazer o bem dá prazer.

Não sei se você já está convencido, mas tenho ainda outras razões para que você acredite que a gentileza vale a pena. Num estudo feito na Universidade da Califórnia, foi solicitado aos participantes que praticassem ações gentis durante dez semanas. Todos registraram aumento visível na felicidade durante o estudo. A gentileza está ligada ao gene que libera a dopamina, neurotransmissor que proporciona bem-estar. Então, tanto pela imensa carência de gentileza quando pelo bem que ela proporciona a quem a pratica, e também em nome de uma esperança que agoniza dentro de todos nós, que tenho feito – tanto quanto consigo – um esforço enorme para me manter firme no propósito de ser gentil, especialmente quando essa parece ser a escolha mais difícil. E estou aqui para convidar você a fazer o mesmo! Como? É sobre o que vamos tratar aqui... para o bem de todos nós, individual e coletivamente!

AS RECOMPENSAS NEM SEMPRE SÃO IMEDIATAS!

Antes de prosseguir, no entanto, devo esclarecer que o fato de aderir a esse movimento, embora lhe renda todos os benefícios já citados, não lhe garante reciprocidade. Mais segurança, vida mais tranquila, menos injustiças? Também não, infelizmente! Pelo menos não de um dia para o outro! Mas o plano não aponta mesmo para resultados imediatos, não os dessa dimensão. Em algumas circunstâncias, a sua atitude mais gentil poderá provocar mudanças até bastante positivas em apenas alguns dias, mas em outras, as quais envolvem um panorama social, político ou cultural, os resultados podem demorar anos e anos para aparecer. Temos fortes exemplos de casos semelhantes, podendo agora citar Mahatma Gandhi e sua extremamente feliz postura, a invenção do princípio da não violência e da não agressão como modo de lutar pela igualdade entre os povos, que chamou de *Satyagraha*, termo que significa "Caminho da Verdade". O *Satyagraha*, que também podemos entender como gentileza, norteou sua vida, seus valores e todas as suas contundentes ações pelo fim da discriminação racial da minoria hindu na África do Sul.

Tudo isso aconteceu entre o final do século XIX e início do século XX, quando Gandhi foi incansável em sua luta pacífica, apesar de todos os ataques que sofreu ao longo da vida. Vale a pena conhecer em detalhes a vida de um homem que inspirou homens de grandeza notável como Martin Luther King e o próprio Mandela. E certamente inspira, ainda nos dias atuais, grandes líderes e também pessoas anônimas que estão convencidas do poder que pode estar contido nas mais suaves decisões. Como última gentileza, Gandhi pediu a não punição de seu assassino, o homem que o matou a tiros, em Nova Deli, em janeiro de 1948. Entretanto, como o princípio da não violência ainda é extremamente raro se comparado com o princípio da violência, o criminoso não só foi condenado, como também enforcado depois de seu julgamento.

Discussões sobre punição a assassinos e criminosos à parte, essa situação nos mostra o quanto ainda somos reféns do ciclo vicioso "violência gera violência". E o esforço aqui proposto, e também por tantas outras pessoas e iniciativas, felizmente, é justamente pelo ciclo virtuoso "gentileza gera gentileza". Sim, porque é certo que da mesma forma que posso citar aqui inúmeros exemplos de situações em que somos humilhados, subjugados e preteridos, também posso – e vou – citar tantos outros em que somos premiados com afeto, atenção, justiça, suavidade e, por fim, com inesquecíveis gentilezas. Eu mesma, certo dia, experimentei uma alegria impagável ao ser tratada de modo extremamente gentil por um homem que nunca havia visto antes.

Era uma dessas segundas-feiras em que a gente tem a impressão de que deveria ter ficado em casa; eu me sentia realmente irritada. Alguns obstáculos no trabalho, pouco tempo para muita tarefa e estava atrasada para um compromisso. Saí dirigindo rumo ao meu destino, tensa, ligada no piloto automático. Parei no semáforo do cruzamento entre a França Pinto e a

Domingos de Moraes, Zona Sul de São Paulo. De repente, ouço uma voz do lado de fora do carro: "Posso cantar uma música para você?..."

Olhei assustada, pensando: "Lá vem pedido de dinheiro, de novo!" Mas confesso que fiquei constrangida de negar um pedido tão inusitado, feito num tom de voz tão amigável, e disse que sim - afinal, ele tinha até um violão! Antes, ele avisou: "É do Alceu Valença" - e começou a tocar aquela, justamente aquela, que eu adoro - *La Belle du Jour*. O sujeito de pele morena, vestido de maneira extremamente simples, cantava só pra mim em plena tarde na louca cidade. A cena era, no mínimo, mágica. Desliguei o rádio do carro; o celular tocou e eu não atendi. A voz dele ia apaziguando meu coração agitado. Pensei que seria mais do que justo dar o tal "trocado", mas raramente ando com dinheiro. Encontrei na bolsa R$ 0,75 (isso mesmo: setenta e cinco centavos!). Quando ele terminou, eu me sentia agraciada com o encantamento provocado por aquela surpresa.

"O que um artista como ele estaria fazendo num semáforo, cantando em troca de gorjeta?!?", pensei comigo. Sorri agradecida por tão singelo presente e, ao mesmo tempo, chateada por ter tão pouco para "pagá-lo". E ele ainda me disse, ao pegar as duas moedas: "Muito obrigado por me ouvir. Você é muito simpática!" O semáforo abriu e fui embora, mas não consegui parar de pensar no que havia acontecido. Já não estava tensa. Todo o cenário do meu dia havia se transformado por causa daquele homem e seu dom. Eu me sentia a própria *Belle du Jour*. Fiz aquele mesmo caminho durante vários dias depois, em horários diversos... mas nunca mais vi aquela "estrela" com violão nas mãos e magias escondidas no coração para dar de presente a quem por ali passasse.

Hoje, fico me perguntando se o protagonista daquela cena surreal e estonteante foi realmente um homem ou um anjo. Seria lógico pensar que ele simplesmente migrou para outro semáforo qualquer, mas prefiro acreditar que tenha sido um anjo. Afinal, a vida é exatamente aquilo que acreditamos que ela seja. Bem melhor, portanto, pensar em encantamentos, presentes, surpresas, anjos e fadas, como se a nossa história fosse enredo de um lindo filme campeão de bilheterias. Gosto de pensar que o Grande

Diretor me convidou para ser a personagem principal do filme que vivencio todos os dias, pois assim fica muito mais interessante, empolgante e inspirador.

E é por isso que, a despeito das inevitáveis decepções, de todas as provocações e também dos exemplos contrários que temos diariamente, especialmente aqueles vindos dos nossos líderes, acredito demais no poder da gentileza. E insisto que você também acredite, porque basta nos comprometermos com as atitudes gentis para que este mundo, ainda que muito sutilmente, comece a ser diferente, comece a ser melhor!

E quando isso acontece, embora tudo possa parecer igual, situações e pessoas são profundamente beneficiadas. Desastres são evitados, dores são curadas, novas possibilidades são descobertas. Porque, afinal, acreditemos ou não, o efeito borboleta – parte da teoria do caos – faz muito sentido: o simples bater de asas de uma borboleta pode influenciar o ritmo da natureza, provocando um tufão do outro lado do mundo! Ou seja, uma pequena falta de gentileza aqui e agora pode provocar reações inesperadas, desencadear outra agressão e outra e outra, até resultar numa tragédia dessas que a gente vê nos telejornais todo santo dia, e fica se perguntando como é que uma "bobagem" pode acabar em tamanha atrocidade...

Sendo assim, muito mais seguro investir no silêncio diante da agressão verbal; na saída estratégica diante da agressão física e na gentileza gratuita e abundante diante de toda e qualquer oportunidade. Não tenha medo de parecer ridículo, não se sinta constrangido, não economize sua beleza interior. Expresse sua simpatia, seu bom humor, seu desejo de viver num ambiente mais harmonioso e feliz. Expresse também suas dores, sua indignação, sua tristeza e até sua raiva, mas descubra que até mesmo esses sentimentos podem ser expressos de forma saudável e construtiva. Não acumule dores e ressentimentos em seu coração, porque tudo isso se transforma em amargura, estresse, irritação e, por fim, em doenças – tanto físicas quanto emocionais.

E, a partir de então, entendo que, quando expressamos nossos sentimentos, quando praticamos nossos dons, quando oferecemos aquilo que de melhor sabemos fazer, nossas atitudes e as atitudes dos que estão ao nosso redor se tornam mais sãs, iluminadas, pilares de uma nova conduta – uma conduta gentil.

Leo Buscaglia, escritor ítalo-americano e professor de uma disciplina chamada AMOR na Universidade da Califórnia (e só por isso a gente já poderia concluir que esse foi um sujeito pra lá de especial, embora eu seja totalmente suspeita por ter me tornado sua fã número 1), escreveu algo que realmente merece um minutinho da sua atenção:

> *Os riscos têm de ser corridos, pois o maior risco na vida é não arriscar nada. A pessoa que não arrisca nada, não faz nada, não tem nada, não é nada e não se torna coisa alguma. Pode evitar o sofrimento e a tristeza, mas não pode aprender, sentir, modificar-se, crescer, amar e viver. Acorrentado por suas certezas, é um escravo. Foi privado do direito de sua liberdade. Somente a pessoa que arrisca é verdadeiramente livre.*

Leo Buscaglia foi um dos maiores escritores acerca do Amor dos últimos tempos. Seus livros mudaram a maneira como muitas pessoas viam o Amor, sempre exaltando as ideias de se viver o momento, expressar o amor que se sente por alguém e não criar expectativas. Seu primeiro livro, *Amor*, foi publicado em 1972. Muitos outros vieram depois. O meu preferido é *Vivendo, Amando e Aprendendo.*

Ele se foi em junho de 1998, mas a mim, além de muitas outras lições, deixou a certeza de que sonhar vale a pena. Nao poderia citá-lo sem contar sobre outra experiência inesquecível de gentileza que vivi. Quando tinha vinte e poucos anos, cheia de sonhos e receios, pressa e passos incertos, e eu vivia uma fase de profunda revisão interior. Era tempo das limpezas externas que refletem numa transformação interna e inevitável, necessária! Tempo de abrir as portas do armário e do coração... e jogar fora o que ficou apertado, o que se tornou velho e gasto por tanto uso, o que já não mais correspondia com a forma, o tom, o gosto...

E entre gavetas desfeitas e refeitas, prateleiras esvaziadas e redesenhadas, de repente me peguei cantando tão linda e tocante *Romaria*, de Renato Teixeira...

> *É de sonho e de pó... o destino de um só. Feito eu perdido em pensamentos... sobre o meu cavalo... Sou caipira Pirapora, Nossa Senhora de Aparecida, ilumina a mina escura e funda. O trem da minha vida...*

É tudo o que a gente quer: paz nos desalentos... meu olhar, meu olhar, meu olhar... E caipira quem não é na vasta e solitária imensidão do mundo de dentro, do mundo daqui, do peito que é tão só?

E nessas andanças por caminhos tão meus, criei coragem e escrevi, a próprio punho, com meu inglês mal-acabado, uma carta para ele, sim pra ele, o meu querido Leo Buscaglia. Descobri que deveria encaminhá-la à Editora que o publicava aqui no Brasil. Arrisquei. Talvez ele nunca lesse minhas palavras, mas eu jamais saberia se não tentasse. Não me lembro do todo que hávia na carta, mas falava de mim e do quanto um dia fora tocada pelas obras dele... Ah! E junto enviava folhas secas que ele tanto amava. Esperei... nem sei se acreditando ou não. Já não me lembro. Mas o fato é que ele respondeu! E ainda hoje, depois de quase 15 anos, posso reler a resposta dele, guardada feito tesouro num envelope que começa a amarelar, como inspiração para minha alma, como locomotiva de trem... o trem da minha vida!

E por essas e outras, como não acreditar no poder da gentileza?

SER GENTIL NÃO É SER BOBO!

Há quem imagine que ser gentil é fazer papel de bobo, é dizer sempre "sim" aos que solicitam sua ajuda ou contribuição, independentemente de suas próprias vontades ou necessidades. Ou talvez, ao saber do que se trata este livro, comece a imaginar que ser gentil não combina com a expressão de sua indignação diante de alguma injustiça. Enfim, tem gente que acha que ser gentil é aceitar comodamente tudo o que acontece ao seu redor. Não! Gentileza não se trata disso, definitivamente! Quem não sabe dizer "não", nem mostrar seus limites ou lutar por aquilo que deseja, não está sendo gentil, mas sim permissivo, covarde, fraco. Não é de passividade ou de permissividade que estou falando! Não é de covardia ou fraqueza! É de atitudes pacíficas, de ações firmes e pontuais, mas suaves. É de saber colocar limites, saber dizer "não" e até de reivindicar seus direitos e fazer revoluções nobres, mas sem ter que gritar, ofender, humilhar ou agredir; sem precisar usar de violência ou submissão. É, sobretudo, de flexibilidade e de sabedoria que se trata a gentileza. O lema pode ser entendido tal qual o verso da música *Minha Alma*, de Marcelo Yuka, do grupo Rappa: "Paz sem voz não é paz, é medo!" Isto é, que você viva pela paz, mas jamais sem voz! Coloque-se toda vez que acreditar estar correto, mas coloque-se com gentileza!

Por outro lado, você poderia se perguntar o que fazer quando uma pessoa nos insulta, ofende, fere nossa honra ou reputação ou nos causa danos morais; ou seja, como agir quando alguém interfere deliberada e negativamente sobre nossos propósitos? Sim, porque, por mais que estejamos totalmente dispostos a ser tolerantes e gentis, certamente nos questionaremos: até quando? Pois será exatamente este o momento de compreender a medida da gentileza. Para começar, podemos refletir sobre o que escreveu Leo Rosten, escritor americano: "Os fracos é que são cruéis. Só se pode esperar a brandura dos fortes". Mas, de novo, devo reforçar: não se trata de não reagir, de não se colocar, de não mostrar o quanto você está cansado da falta de ética ou de caráter de algumas pessoas, ou do absurdo de algumas situações, mas sim de fazer isso sem precisar usar de violência e crueldade.

Conseguir manter-se seguro e equilibrado diante do caos é, certamente, demonstração de força e de superioridade. É indiscutível que a crueldade nada tem a ver com alguém que deseja levantar a bandeira da paz. Mas sei o quanto isso exige de maturidade, consciência, treino diário e muita, muita prática.

Pouquíssimas são as pessoas que têm a habilidade de se manter lúcidas diante de um insulto, uma humilhação ou uma agressão, seja verbal, seja física. Mas entre uma reação impulsiva e irracional – ainda que seja na mesma medida da ação que a provocou – e uma reação absolutamente evoluída, como a que pregou Jesus Cristo, segundo o evangelho de São Lucas, ao dizer "Se alguém lhe bater numa face, ofereça-lhe também a outra", existem muitas possibilidades.

Talvez hoje, neste momento em que se decide a ser mais gentil, você ainda não consiga se manter firme diante de uma provocação, mas certamente pode começar a treinar para conquistar, aos poucos, uma nova consciência, uma nova maneira, muito mais produtiva, criativa e verdadeiramente corajosa de viver a sua vida!

E nem estou falando de treinos intensivos, a fim de promover feitos históricos, revoluções em nível nacional ou qualquer coisa que o valha. Estou falando de treino leve, de pequeníssimas mudanças em sua rotina. Algo como simplesmente não revidar uma provocação no trânsito e já terá feito valer a pena esse dia. Ou, se preferir, basta ter um pouquinho mais de tolerância com as manias de seu marido ou de sua esposa, ou talvez uma disponibilidade maior para as manhas de seu filho, tentando conversar em vez de dar uma bronca ou um grito. Não sei... é você que, no dia a dia, sabe onde mais pega, onde é mais difícil ser gentil. É aí que o treino começa, porque, embora pareça bastante razoável nos indignarmos e reagirmos perante uma afronta ou, principalmente, de uma injustiça sofrida, pense bem: Quais têm sido os benefícios de seus revides? Quanto você realmente tem lucrado quando se rebela e agride seu agressor? A situação melhora? Fica mais fácil chegar à solução do problema? Os dois ficam satisfeitos? Posso apostar que não!

Portanto, ainda que seja de fato um direito seu não aceitar que seus direitos sejam transgredidos e suas razões ignoradas, lembre-se do *Satyagraha*, o princípio da não agressão, uma forma não violenta de protesto, que não deve, em hipótese alguma, ser confundida com uma adesão à passividade. E, sendo assim, muito mais eficiente e certeiro do que ficarmos nos questionando sobre até quando devemos ser gentis, creio que seja, antes de mais nada, mudarmos a pergunta para "de que maneira podemos agir com gentileza numa situação em que nos sentimos afrontados, injustiçados ou humilhados? Ou seja, por mais que alguém nos trate de modo grosseiro, impaciente e indelicado (com exceção às ocasiões em que ocorrer agressão física, quando será necessário fugirmos ou, em último caso, lutarmos para nos defender), como podemos reagir de modo gentil?

Ainda naquele texto que meu amigo Aldo Novak escreveu quando conversamos sobre gentileza, tem um trecho que começa muito bem a responder nosso questionamento:

> *Há momentos nos quais você encontra todas as razões do mundo para usar alguma frase grosseira, com pessoas que testam sua paciência, para saberem até onde você chega. Mas até uma pessoa nestas condições pode ser gentil. E uma pessoa que continua gentil, mesmo com quem não é gentil com ela, acaba tornando inúteis as tentativas de outros em derrubá-la, e constroi uma reputação de equilíbrio e controle.*

Isto é, manter-se gentil diante da falta de gentileza de alguém vai servir para evidenciar algumas de nossas melhores características: resiliência, bom-senso, convicção de valores, fé na crença de que a gentileza e a tolerância são ótimos antídotos contra a violência e, acima de tudo, dignidade e integridade diante de um comportamento medíocre. E sobre os limites da tolerância, Sâmara Jorge completou, sabiamente:

> *Agir com delicadeza não quer dizer aceitar tudo o que o outro faz, mas saber pôr limites sem perder a razão. Até porque perdemos totalmente a razão quando nos tornamos agressivos ou invasivos. Podemos estar absolutamente certos, nossos argumentos podem ser legítimos, mas, se não soubermos nos expressar com sanidade e equilíbrio, podemos acabar com todos os nossos direitos frente a qualquer situação. E, certamente, iremos ferir pessoas desnecessariamente.*

Creio que você já tenha motivos suficientes para começar a investir em sua gentileza, mas, se ainda lhe resta alguma dúvida de como se parece uma pessoa gentil, termino este capítulo fazendo uma analogia com o bambu. Suas raízes são sólidas, longas e fibrosas, e se propagam por rizomas que se espalham horizontalmente por baixo da terra. Essas raízes se expandem e se entrelaçam, formando uma rede. Os rizomas são inacreditavelmente fortes.

Por outro lado, seus galhos são compridos, finos e aparentemente frágeis. Mas, diante de um vendaval, mantêm-se firmes e não se quebram. E existem duas grandes razões que justificam sua incrível fortaleza: primeiro são suas raízes, que poderíamos entender como nossos valores, nossas crenças, aquilo que aprendemos e no que investimos durante toda a nossa vida; e a outra, extremamente importante, é a sua flexibilidade. Diante de ventos e tempestades, o bambu se curva, disponibiliza-se ao ritmo da natureza, deixa-se conduzir não porque é fraco, mas porque reconhece que a resistência só o faria quebrar; e, por fim, espera até que possa retornar ao seu lugar – em riste, apontando para o alto, forte e imbatível. Essa capacidade do bambu pode ser comparada à nossa habilidade de resistir a um momento de crises e afrontas, tornando-nos flexíveis e gentis, aguardando o momento difícil passar até que possamos retomar nossa dignidade e nossa altivez.

Eis a grande diferença entre ser bobo e ser gentil! O bobo reage, resiste, endurece, revida, perde a razão e quebra. O gentil agarra-se aos seus valores, às suas raízes, flexiona, espera e depois, na hora certa, faz valer os seus direitos e transforma em vitória o que parecia rendição.

Capítulo 3

Quem decide como você se comporta?

Ser gentil não pode ser uma decisão atrelada e dependente do que acontece fora de você, mas sempre e unicamente do que existe dentro! Assim como também não dá para se sentir feliz somente quando tudo está acontecendo exatamente do modo como você gostaria. A felicidade é um sentimento cultivado internamente, que não pode estar à mercê das intempéries do cotidiano. Caso contrário, sua vida será uma constante instabilidade de sentimentos, pensamentos, escolhas e atitudes. E isso nos remete à ideia inicial deste capítulo, à pergunta que quero lhe fazer agora e que me faço sempre: Quem determina as suas ações, as suas escolhas, o seu modo de ser? Quem decide como você se comporta?

Muito provavelmente, você vai responder sem pensar: "Eu, claro! Sou eu quem decido o que vou fazer ou o que não vou fazer da minha vida!" De certa forma, você tem toda a razão! Em última instância, é sempre você quem escolhe, mesmo se, por acaso, estiver sob tortura. Mas talvez acredite que esteja fazendo escolhas a partir dos valores e das crenças que anda divulgando por aí, e pode estar profundamente enganado.

Para saber se está agindo de acordo com suas reais crenças ou, muito diferente disso, de acordo com as crenças que lhe parecem politicamente corretas e adequadas à imagem que deseja sustentar, creio que o melhor caminho seja, antes de qualquer coisa, descobrir quais são as "verdades" que tem alimentado ao longo de sua vida! Se você é do tipo que vive repetindo crenças limitantes como "chumbo trocado não dói", "olho por olho, dente por dente", "pago na mesma moeda" ou, principalmente, aquela que a maioria adora repetir de boca cheia "não levo desaforo pra casa!", talvez seja hora de rever sua incoerência. Sim, porque, se você paga na mesma moeda, então quem decide como você paga é o outro. Se você troca chumbo, de novo quem decide quando você atira é o outro. E se não leva desaforo pra casa, quem decide se você recebe desaforos ou não é o outro!

E, assim, fica mesmo bastante difícil se tornar uma pessoa gentil, porque tudo vai depender de como os outros se comportam, do quanto o outro também decidiu ser gentil ou não. Se ele decidiu ser, você também será. Mas se ele resolveu ser um mal-educado, grosseiro e agressivo, então acabou de decidir que você também vai ser assim, não é? Um verdadeiro "Maria vai com as outras"! Sinceramente, tomara que não, porque eu e você sabemos que, de modo geral, a gentileza tem sido artigo de luxo, infelizmente. Mas você tem o privilégio de compreender o que ela significa e qual é o seu verdadeiro propósito. Por isso, embora o efeito dessa escolha seja bastante sutil, também eu e você sabemos o quanto ele é essencial. Tal qual a célebre frase de Antoine de Saint-Exupéry e que nunca é demais relembrar: "O essencial é invisível aos olhos. Só se vê bem com o coração."

Está mais do que na hora de pararmos de fazer de nossas vidas um constante revide. Chega de justificativas do tipo "fiz isso porque ele fez aquilo!"? Acorda!!! Pare de se comportar com as pessoas a partir do modo como julga que elas se comportam com você. Seja você mesmo e assuma suas atitudes e escolhas.

A velha regra do "toma lá, dá cá" não serve mais! É muito medíocre, muito imatura, mas, ainda assim, lamentavelmente, continua sendo a base de quase todas as relações... Precisamos começar a agir como pessoas livres, cujas atitudes estão baseadas numa decisão individual, mas em prol do bem comum. Para tanto, precisamos partir de um planejamento consciente e não de um desejo infantil de satisfazer as manhas de nosso ego.

Sim, porque reagir, revidar e se relacionar impulsivamente nada mais são que atos a serviço de mimar o ego, tão interessado em si mesmo, tão míope quando se trata de reconhecer decisões com resultados a longo prazo.

Somente quando passarmos a nos responsabilizar por nosso comportamento, reconhecendo o quanto temos sido influenciáveis, volúveis e acomodados, é que poderemos começar a desfrutar de experiências mais coerentes e justas! Somente quando deixarmos que nossa luz interior, que é a sabedoria que todos nós temos, passe a guiar nossos comportamentos é que vamos parar de imitar o que o outro faz de errado e compreender que a ideia é justamente o oposto. Ou seja, que ele, algum dia, em algum momento, perceba que não está ganhando nada com sua habitual falta de gentileza, e possa, enfim, relembrar como é que todos nós, sem exceção, gostaríamos de ser tratados. Mas essa possibilidade só pode começar a existir quando estivermos prontos para quebrar o ciclo vicioso. Então, a hora de agir é exatamente quando você for tratado de modo grosseiro e nada gentil. Em vez de reagir imediatamente após ter sido ofendido ou magoado, pare, respire fundo e reflita. Isso! Primeiro, apenas observe! Observe o que a falta de gentileza provoca em você. Observe a raiva que sente. Sinta o desejo de revidar crescendo dentro de você e, então, respire lenta e profundamente! Sim, respire fundo! A respiração profunda não é apenas uma técnica para ganhar tempo, mas uma das maneiras mais eficientes de entrar em contato com a própria consciência, com o seu eu verdadeiro, com quem você genuinamente é!

Um minuto para respirar!

A capacidade de parar e respirar lenta e profundamente toda vez que você se sente saindo de seu ponto de equilíbrio é uma fantástica ferramenta de autoconhecimento, consciência e mudança de paradigmas. Você certamente pode se tornar uma nova pessoa ao desenvolver a habilidade de respirar conscientemente antes de tomar qualquer decisão importante, como, por exemplo, se realmente vale a pena aceitar uma provocação e revidar.

Ou seja, se realmente vale a pena abrir mão da gentileza para repetir exatamente o comportamento que está lhe causando dor e raiva. Além disso, respirar lhe confere inúmeros benefícios. Não é à toa que quando estamos nervosos costumamos dizer "preciso respirar um pouco" ou "preciso de outros ares". Para você ter uma ideia mais clara do poder de cura e transformação que a respiração correta tem, na medicina chinesa os pulmões são considerados o condutor da orquestra do corpo inteiro. Eles ajustam o ritmo de todos os demais órgãos e têm a função de colocar todo o organismo em equilíbrio. O ar é uma substância que garante aumento de energia, vitalidade e calma, além de redução do estresse e controle de transtornos emocionais, tudo isso quase que instantaneamente. Ou seja, comece agora a respirar correta e profundamente, e estes, além de vários outros benefícios, já estarão atuando em seu corpo, sua mente e suas emoções.

Por isso, vale a pena aprender a respirar corretamente e, sobretudo, aplicar esse aprendizado sempre que se lembrar, especialmente no momento em que tiver de escolher entre reagir a uma grosseria ou agir com gentileza a despeito do que o outro fizer. Primeiro, verifique se sua respiração é completa. Diferentemente das crianças, a maioria dos adultos respira pelo peito. Cada vez que você inspira, seu peito se expande e, cada vez que você expira, o peito se contrai. Crianças, contudo, geralmente respiram de modo mais completo e correto, que é pelo diafragma, o músculo que separa o tórax do abdome. Respirar profundamente pelo diafragma - o que nós, adultos, podemos reaprender - é relaxante, saudável e nos conduz à consciência. Por isso, tente inspirar profundamente até encher o peito e expandir o diafragma, e depois expirar todo o ar pela boca ou pelo nariz, lentamente, até se sentir totalmente esvaziado de ar. Faça isso mantendo a coluna ereta e sentindo-se confortável. Não é preciso forçar. Quanto mais natural e fluida for a sua respiração, mais eficientes serão os resultados e, imediatamente, você se sentirá mais calmo.

Estudos recentes demonstraram a correlação entre o nível de respiração e nosso estado mental e emocional. Dois estudos de ondas cerebrais realizados na Universidade da Califórnia mostraram que, durante a respiração diafragmática, o cérebro gera mais ondas alfas, o que significa maior relaxamento e tranquilidade do que durante a respiração torácica.

Dr. J. Gordon, professor clínico de psiquiatria da Universidade de Georgetown, afirma que, quando respiramos lenta e profundamente, a troca de oxigênio é mais eficiente, o batimento cardíaco fica mais lento, a pressão sanguínea diminui e a mente se acalma. Respirar dessa forma, portanto, nos garante também um senso de controle sobre nosso corpo e nossas emoções. Isto é, respirar fundo num momento de tensão pode ajudar você a manter-se seguro de seus valores e a tomar atitudes mais acertadas.

Transforme crenças limitantes em crenças edificantes!

No final das contas, podemos concluir que quem realmente determina o modo como você vai agir são as suas crenças. Quando citei, no início deste capítulo, aquelas que só servem para nos conduzir à fatídica decisão de ser gentil somente com quem for gentil com a gente, estava falando das crenças limitantes. Ou seja, algumas "verdades" que ouvimos em determinado momento da vida e tomamos como absolutas, mas que limitam nossas possibilidades. Que nos fazem acreditar, por exemplo, que, diante de uma provocação, nada mais podemos fazer senão revidar.

Entretanto, bastaria que usássemos um pouco de nossa criatividade, de nossa inteligência emocional e de nossa sabedoria para constatarmos que temos muitas alternativas e bem mais congruentes com a paz que tanto desejamos ver neste mundo, ou, pelo menos, no nosso mundo. Essas alternativas são o que chamo de crenças edificantes. Isto é, que nos tornam pessoas mais sãs, destacadas da mediocridade na qual tanto a mídia quanto o governo e, muitas vezes, até mesmo as pessoas com quem convivemos gostariam de nos manter atolados, distraídos e desacordados!

As crenças edificantes, como o próprio nome diz, servem para edificar novas condutas, novas maneiras de lidar com situações em que a gentileza passou longe. As crenças edificantes muito geralmente nos permitem enxergar e considerar detalhes de uma situação que a maioria das pessoas não consegue. Trata-se de uma ampliação dos sentidos, de uma potencialização da perspicácia e da sensibilidade. As crenças edificantes nos colocam num patamar acima na escadaria para a evolução. Porque o simples fato de aceitarmos observar a atitude de outra pessoa por meio de outros ângulos já faz com que absolutamente todas as consequências dessa atitude possam ser melhores, mais construtivas ou, na pior das hipóteses, menos destrutivas. Além do mais, elas carregam em si um objetivo maior – o de nos fazer compreender que os prejulgamentos e as conclusões precipitadas são as razões mais recorrentes para grandes mal-entendidos e, consequentemente, para muita falta de gentileza.

Reflita sobre as crenças edificantes que vou propor a seguir e comece a encontrar, a cada situação delicada, também as suas novas crenças. Toda vez que for assaltado por um pensamento limitante tente se dar conta disso. Assim que perceber que está agindo a partir de uma generalização pobre e que não produz efeitos positivos, pode reconduzir a si mesmo até uma postura mais altruísta.

– *Gentileza gera gentileza*

Essa é uma crença extremamente edificante e verdadeira. Assim como, obviamente, também é grande a tendência de que falta de gentileza gere falta de gentileza. Claro que isso pode ser revertido quando se tem clareza do que se quer e quando se toma uma decisão firme de ser gentil, independentemente da falta de gentileza de outra pessoa. De todo modo, vale a pena investir na ideia de gerar gentileza a partir de sua atitude gentil, não é? Sendo assim, é bom que você saiba que as suas atitudes influenciam, no mínimo, cinco pessoas ao seu redor. Isso significa que, se você for gentil, vai despertar sentimentos de bem-estar, satisfação e alegria em outras cinco pessoas que, provavelmente, vão despertar em outras 25, e assim sucessivamente, 125, 625... Mas, caso seja rude ou intolerante, também vai causar sentimentos de mal-estar e constrangimento, raiva e indignação em outras pessoas que, provavelmente, se não estiverem acordadas e decididas a serem gentis independentemente de você, vão despertar sentimentos ruins em outras tantas, e assim sucessivamente. Lembra-se da teoria do caos, de um simples bater de asas de uma borboleta poder causar um tufão do outro lado do mundo? A decisão do que você pretende fazer reverberar é totalmente sua!

— *Trocar chumbo, além de doer, não faz o menor sentido!*

Às vezes, fico me perguntando qual a lógica existente no ato de revidar uma agressão. Claro que me sinto tentada, na maioria das vezes, a reagir diante de uma afronta, especialmente quando me considero com a razão, afinal, sou praticante da gentileza, mas não sou perfeita. Por isso, procuro, sempre que possível, me lembrar de que não faz sentido nenhum criticar certa atitude de alguém e, paralelamente, fazer exatamente o mesmo que ela. Sim, porque é isso que sugere a expressão "chumbo trocado não dói". Além de cometer o mesmo erro que quem disparou primeiro, basta experimentar para ter certeza de que dói, sim. E, em vez de um ferido e dolorido, serão dois (ou mais).

O saldo dessa troca nunca é positivo, porque quem tinha a razão vai perdê-la no momento em que revidar, e quem não tinha vai se sentir ainda mais tentado a não parar a briga. E o ciclo vicioso ganha força e segue seu ritmo causando estragos cada vez maiores. O único que se sente satisfeito, e ainda assim por curto período de tempo, é o ego. E trata-se de uma satisfação vazia, sem efeito, que não alimenta a alma.

— *Qual o ganho se a matemática praticada for "toma lá, dá cá"?*

Ou talvez você prefira "olho por olho, dente por dente", ou ainda "pago na mesma moeda". Tá, até parece uma troca justa, um pagamento à altura. Mas se considerarmos que ela é aplicada especialmente quando estamos falando de um tratamento ruim, uma grosseria ou uma falta de gentileza, aonde essa forma de se relacionar vai nos levar? Quem ganha com isso? Quem cresce? Quem aprende? Até mesmo se pensarmos que estamos falando de uma gentileza, um carinho, um presente, pense bem: podemos ser um pouco melhores, não podemos? Podemos pagar um pouco mais do que recebemos, só para deixar claro o quanto uma gentileza é agradável, bem-vinda e valiosa, não podemos? Poxa, que lembrança queremos deixar quando já não estivermos mais aqui? De alguém que dava exatamente na mesma medida que recebia (ou pior, devolvia em dobro o que recebia de ruim e bem pouco retribuía o que ganhava de bom), ou de alguém que fez melhor, que fez mais, que transformou o ambiente ao seu redor num lugar muito mais gostoso e atraente do que era antes de chegar?

Acredito na sabedoria do Universo, no justo ritmo da vida, e, quando repetimos crenças como "aqui se faz, aqui se paga", nada mais estamos fazendo que desejando ardentemente que alguém se dê mal, muito mal. Mas parece que nos esquecemos dessa lei quando se trata do que nós mesmos fazemos. Parece que nossas ações são sempre justificáveis e perdoáveis, mas, quanto aos que nos ofendem, ah, esses terão de pagar se existe alguma justiça neste mundo, não é? Pois saiba que a justiça do Universo está baseada numa percepção muito mais ampla e sábia do que a nossa, e que ele é muito mais abundante e compassivo do que podemos imaginar. Bastaria que oferecêssemos um pouco mais, que fôssemos um pouco melhores, e que pagássemos numa moeda um tantinho mais valorizada, e todo o Universo conspiraria para nos rodear de prosperidade e felicidade.

– *Quantos bois você dá para não entrar numa briga?*

Uma das crenças mais curiosas, na minha opinião, é aquela em que seu usuário nos tenta convencer de que não gosta de brigar. Sempre penso: tem alguma coisa errada nessa afirmação ou eu não sei nada sobre matemática! Afinal, o sujeito descaradamente dá seu lance: "Dou um boi para não entrar numa briga, mas uma boiada para não sair!" Peraí, de quantos bois é feita uma boiada??? Dez, cem, mil??? Seja qual for o montante, é bem mais que um, certamente. E se a pessoa está disposta a dar somente um boi para não brigar, mas, em contrapartida, uma boiada para não desistir da briga, me parece que o que ela mais quer é brigar, não??? Ao repetir essa crença, está apenas tentando nos enganar sobre suas intenções, mas o que consegue, no final das contas, é mostrar o quanto deixa que o outro decida se ela vai entrar numa briga ou não. Mais ou menos assim: "Me provoque uma vez e eu dou a minha boiada – a gente se ofende, grita, diz barbaridades um ao outro e depois eu ainda posso me defender dizendo que foi você quem começou". E sabe o que é pior? Em geral, estamos mesmo sempre bem mais dispostos a não desistir de uma briga do que a abrir mão de uma provocação e simplesmente deixar passar. Que podemos dizer, então, sobre a possibilidade de tratar com gentileza esse mesmo provocador?

Infelizmente, nossa cultura considera como "tonta" a pessoa que é ofendida e não reage. Mas este livro é justamente para contar-lhe sobre tantas pessoas que não reagiram e não revidaram a ofensa de seus agressores e mudaram o mundo. Fizeram melhor, deram um pouco mais, aliás, deram boiadas e mais boiadas para não entrar numa briga e, por causa dessa decisão, inspiraram gerações e mais gerações a alguma grandeza. E se tivessem influenciado cinco, apenas aquelas cinco pessoas que todos nós costumamos influenciar, sua gentileza já teria valido a pena.

– Não só leve o desaforo para casa, como também passe a noite com ele!

Você deve estar pensando: "Como assim, dormir com o desaforo???" Pois é exatamente essa a minha sugestão! Que você usufrua do aprendizado riquíssimo que pode estar contido num desaforo. Segundo o dicionário, desaforo é uma insolência, uma petulância, um atrevimento. Pois bem, quando alguém é atrevido e petulante com você pode estar cometendo apenas uma grosseria, sim. Mas pode também estar apontando algo extremamente importante sobre você. Claro que, nesse caso, trata-se de uma crítica e ninguém gosta de ser criticado. Até por isso, ao receber um desaforo, nosso primeiro desejo é de nos livrarmos dele, seja revidando, seja nos justificando, seja dando um jeito de fazer o autor da desaforama pagar pelo que fez. Entretanto, se considerarmos a possibilidade de estar ali uma revelação preciosa para nosso autoconhecimento, poderemos tomar a sábia decisão de pensar sobre o que ouvimos antes de respondermos. Essa é a ideia de levar o desaforo para casa e passar uma noite com ele. Não estou, de forma alguma, sugerindo que você case com o desaforo, que engula sem refletir, que aceite só pra não demonstrar sua raiva e não deixar cair a máscara de "bonzinho". Estou falando de uma reflexão inteligente, sã, consciente. Ao se deitar, antes de dormir, você certamente vai se lembrar de tudo o que aconteceu, vai pensar no que fez para que aquela situação chegasse ao ponto que chegou, e vai poder concluir o quanto de verdade existe na acusação desaforada que fizeram a você. Nesse momento, além de poder mudar, crescer e se tornar uma pessoa melhor, você vai conseguir se colocar diante dessa pessoa de uma forma muito mais segura, tranquila, madura e, muito provavelmente, surpreendente. Sim, porque alguém que faz a você um desaforo certamente não espera que você reaja dessa forma e, por isso, vai pensar sobre sua reação durante um bom tempo. Basta torcermos para que aprenda algo com a experiência.

E agora, dono de novas crenças e de um novo jeito de enxergar os relacionamentos e os conflitos, creio que estará mais motivado e munido de ferramentas para ser, de fato, a pessoa que decide como você se comporta. De todo modo, gostaria de sugerir uma última conduta, a fim de alcançar esse objetivo.

Se todos os argumentos aqui apresentados ainda não foram suficientes para que você se convencesse de que vale a pena estar atento à qualidade de suas crenças, talvez fosse bom usar ao menos uma crença limitante consigo mesmo para começar a se dar conta de que a matemática terá de ser outra caso deseje felicidade, prazer, harmonia, abundância e paz em sua vida. Ou seja, se considerar que a vida realmente funciona sob a regra do "toma lá, dá cá", então você concordará que para receber bastante do Universo e das pessoas terá de dar, no mínimo, esse mesmo bastante, certo? É uma questão óbvia! Em outras palavras, eu diria que, para tanto, você terá de dar o seu melhor. Qual é o melhor que você consegue? Porque se, em última instância, não for para tornar o mundo melhor, se você não quiser investir num plano pelo bem de todos, então, que seja apenas por si, que seja apenas pelo quanto deseja receber de bom da vida e das pessoas. E, quanto a isso, suponho que seja indiscutível, não?

Nada mais, nada menos do que a Lei da Atração!

Pois bem, quando contei a história do rapaz que cantou para mim no semáforo, você pode ter justificado a atitude dele a partir do dinheiro que ele pretendia "arrancar" das pessoas para quem cantasse. De certo modo, estaria com a razão. No entanto, ele decidiu dar o melhor de si em troca de sua sobrevivência. Poderia ter escolhido vender balas nesse mesmo semáforo. Poderia ainda tentar uma vaga de ajudante de pedreiro e passar os dias ignorando seu dom e nos privando do seu melhor. Mas não! Ele escolheu exercitar sua arte, oferecer o que tinha de mais belo dentro de si. Concentrou-se naquilo que tão delicadamente sabia fazer – cantar e encantar – e foi às ruas. Tantas pessoas se deixariam paralisar pela timidez; tantas argumentariam que não se sujeitariam a dar tanto por tão pouco (ou nada, dependendo das condições de quem os ouvisse), mas ele, não!

E, assim como ele, vejo muitas outras pessoas tentando. Pessoas que exercitam sua gentileza sem saber se receberão algo em troca, alguma recompensa. E acredito que tal atitude se deva ao modo como cada um olha para o que acontece à sua volta. Ou seja, uma música pode ser apenas uma música, ou pode conduzir o seu coração a um mundo de magia e encantamento. Flores podem ser apenas flores, ou podem ser enfeites, presentes, amor em forma de cores e aromas. Ou seja, o modo com que você enxerga as pessoas e suas atitudes faz toda a diferença e mostra quem é que decide a maneira como você vai agir a partir de agora e durante toda a sua vida.

Esta é a proposta! Diante das adversidades da vida, será que somos capazes de dar o melhor que temos? Diante da incompreensão e até da falta de educação de algumas pessoas, conseguimos manter a nossa? Conseguimos ser firmes e pontuais, mas com suavidade e equilíbrio? Conseguimos abandonar a "lei do mais forte" e simplesmente oferecer ao outro o que temos de melhor, independentemente do que ele tem nos oferecido? Sim, eu sei que essa atitude requer muita inteligência afetiva e maturidade, mas sei também que é o caminho mais curto para a felicidade que tanto buscamos, durante toda a nossa vida.

Por fim, assim como as sementes se espalham e criam novos frutos, são as pequenas atitudes que formarão as condições necessárias para que possamos deixar um mundo mais justo, ameno e agradável aos nossos filhos e aos filhos dos nossos filhos. As condições necessárias para, de fato, consolidarmos um novo mundo!

Capítulo 4

Exercício da tolerância

Apesar do incalculável valor da tolerância, das tantas tragédias que poderíamos evitar se cultivássemos um pouco mais dessa formidável capacidade de aceitar o que contraria nossas opiniões pessoais ou o que não pode ser mudado, o que temos visto, cada vez mais, são pessoas indóceis, impacientes, agressivas, defendidas e menos dispostas a perdoar um deslize alheio. Parece que as inimagináveis conquistas tecnológicas do século XXI tem-nos conduzido a uma pressa interior que se configura como um contrassenso diante da paz que temos reivindicado e tanto precisado, diante da carência e da solidão que temos experimentado.

Conviver com pessoas tolerantes tem se tornado uma raridade, como se tolerância fosse qualidade somente dos candidatos à santidade ou de quem bem pouco está comprometido com a ideia de produção. Ou seja, homens que trabalham e "constroem" um país não podem se permitir o luxo de serem tolerantes. Temos acreditado, muito equivocadamente, que tolerância é o mesmo que passividade e impotência. E se isso nos parece uma verdade, obviamente consideramos bem mais eficientes os comportamentos agressivos, as atitudes impulsivas, que ditam escolhas como "não deixar para amanhã a briga que podemos travar hoje". Os resultados? Produção, lucros, enriquecimento, conquistas tecnológicas, avanços na medicina. Sim! Tudo isso é resultado também de uma postura intolerante aliada à inteligência humana e ao desejo de ter mais e mais. Entretanto, a questão é: a que preço? Basta assistir aos telejornais diários! Basta observar a dinâmica da maioria dos casais. Basta questionar do que mais sentem falta as famílias! Basta pesquisar qual a maior queixa nos consultórios psicológicos e psiquiátricos. Os resultados passeiam por diagnósticos cada vez mais recorrentes de solidão, tristeza profunda, sensação de vazio, ansiedade crônica, depressão, estresse, disritmias, gastrite nervosa, enxaquecas por instabilidade emocional, e por aí vai! Tudo isso porque temos confundido tolerância com permissividade e falta de postura ou firmeza de caráter.

O ritmo acelerado e inconsciente que adotamos como produtivo e eficaz tem nos feito acreditar que é perda de tempo investir nos relacionamentos. Aliás, nem sabemos bem ao certo como fazer isso. Perdemos o jeito. Focamos outros objetivos e nem percebemos. O atual Dalai Lama, Tenzin Gyatso, ganhador do Nobel da Paz em 1989, muito tem investido no ensinamento do que seja tolerância. Suas ações contundentes, revolucionárias e de alcance mundial servem para nos dar uma noção real do que podemos conquistar e realizar quando decidimos apostar no aprendizado disponível a partir das frustrações que experimentamos ao longo da vida.

Líder político e mentor espiritual do povo tibetano, Dalai Lama é considerado por muitos uma das vozes mais lúcidas e comprometidas com a paz, já que procura estabelecer o diálogo e difundir a necessidade da compaixão no cenário mundial contemporâneo. Seu discurso, sustentado por sua própria história de vida, que é uma verdadeira lição de tolerância, adverte:

> *Na nossa vida, cultivar a tolerância é muito importante. Com tolerância, pode-se facilmente superar as dificuldades. Caso você tenha pouca ou nenhuma tolerância, ficará irritado com as mínimas coisas. Em situações difíceis, terá reações extremadas. Em minha vida, já refleti muito a respeito desta questão e sinto que a tolerância é algo que deve ser praticado no mundo inteiro, no seio da sociedade humana. Mas, quem nos ensina tolerância? Pode ser que seus filhos o ensinem a cultivar a paciência, mas*

é seu inimigo quem irá ensinar-lhe a prática da tolerância. O inimigo é seu mestre. Mostre-lhe respeito, ao invés de ódio. Dessa forma, a verdadeira compaixão irá brotar de seu interior e essa compaixão é a base de tudo aquilo que você é e acredita.

SERIA CÔMICO SE NÃO FOSSE TRÁGICO!

A intolerância tem sido tão recorrente que, não há muito tempo, num programa humorístico transmitido pela tevê, foi criada uma personagem chamada "Tolerância Zero". Tamanha foi a identificação da maioria das pessoas com o comportamento dessa personagem que se tornou rapidamente popular, comentada e imitada como forma de diversão e, de certa forma, justificativa aos menos tolerantes.

O fato é que a personagem "Saraiva", interpretada muito bem pelo ator Francisco Milani (1937-2005), deixava-se atingir por tudo e por todos. Sua intolerância era tanta que o mundo parecia existir para afrontá-lo. De acordo com sua conduta, as pessoas – vistas como provocadoras intoleráveis – é que determinavam o modo como ele iria se comportar. Estava seguramente decidido a encarar a todos como adversários, e isso o colocava na posição de frequentemente armado, pronto para disparar no primeiro que se colocasse diante dele. Era um homem cuja paciência havia se esgotado definitivamente. Qualquer pergunta o levava ao extremo da irritação, inspirando-o a respostas das mais cínicas e grosseiras possíveis. Na tevê, era cômico, muito engraçado mesmo! No entanto, na vida real, no dia a dia, pessoas intolerantes como ele deixam de ser autoras de situações cômicas para se tornarem, senão autoras, disparadoras ou incentivadoras de situações trágicas, de catástrofes inacreditáveis e, em geral, absolutamente desnecessárias.

Melhor mesmo seria se a intolerância não passasse de um exagero criado para inspirar piadas e nos fazer rir. Por isso, desejo que, depois deste livro, a intolerância se torne de fato apenas tema de piadas para você. E para começar, selecionei algumas "pérolas" do Saraiva para você se divertir, relaxar e perceber que a gentileza realmente vale a pena!

Sujeito entrando numa loja de produtos agropecuários:
- Tem veneno pra rato?
- Tem! Vai levar? - pergunta o balconista.
- Não, vou trazer os ratos pra comerem aqui.

No caixa do banco, o sujeito vai descontar o cheque:
- Vai levar em dinheiro? - pergunta o atendente.
- Não! Pode me dar em clipes e borrachinhas.

Médico ao paciente gemendo:
- Tá doendo?
- Não! Tô gritando só pra assustar a enfermeira.

Senhora (ao ver um senhor acendendo um charuto):
- O senhor fuma charuto?
- Não, minha senhora, é que eu estou treinando pra pai-de-santo.

O sujeito, após fazer compras numa loja, pega o talão de cheques e uma caneta:
- Vai pagar com cheque?
- Não! Vou escrever um poema pra você nessa folhinha.

Homem voltando do "pesque-pague" com o balde cheio de peixes:
- Você pescou todos?
- Não! São peixes-suicidas e se atiraram no meu balde.

Pescador com vara de pescar na mão, linha na água, sentado:
- Aqui dá peixe?
- Não! Aqui dá tatu, quati, camundongo. Peixe costuma dar lá no mato.

Edifício pegando fogo e funcionário saindo correndo:
- É incêndio?!?
- Não, é uma pegadinha do Faustão!!!

Atendente de cinema, diante do próximo cliente:
- Quer uma entrada?
- Não, não! É que eu vi essa fila imensa e queria saber onde ia dar!!!

É, eu sei... nosso ritmo diário tem se tornado tão insano, existe tanta pressão para que façamos tudo corretamente e o mais rapidamente possível que, muitas vezes, perdemos a paciência por muito pouco. Aliás, tem dias que a gente nem sabe o que significa esta palavra! Nesses dias, qualquer pergunta parece uma provocação, uma afronta, uma oportunidade de extravasar. Até aí, tudo bem. Afinal, somos humanos, passíveis de dias ruins. Todos nós nos sentimos, vezes ou outras, mal-humorados, indisponíveis, cansados mental e fisicamente e sem nenhuma vontade de lidar com as diferenças e as provocações! Sim, porque, infelizmente, algumas pessoas interpretaram o mundo como uma constante afronta e adotaram, diante desse cenário, uma postura incansavelmente provocativa.

Quando proponho a prática da tolerância, não estou tentando convencê-lo de que, a partir de hoje, para validar esta leitura, você deve se tornar perfeito. Ou de que nunca mais será compreensível se você "descer do salto", discutir com alguém ou perder a paciência diante de uma circunstância difícil.

O intuito é despertar um pouco mais a nossa consciência, nossa percepção do quanto podemos ser e fazer um pouco mais e melhor. Estou me referindo, sobretudo, à decisão de evitarmos situações hostis recorrentes. E, antes de qualquer coisa, de termos a certeza de que um pouquinho mais de tolerância pode fazer alguma diferença. Afinal, as palavras ditas num momento de raiva e impaciência não podem ser desditas. E as atitudes tidas num momento de intolerância podem machucar desnecessariamente uma pessoa e, por fim, tudo isso pode nos fazer perder algum direito ou razão que tínhamos, ou a paz pela qual tanto temos buscado.

O intuito é, sobretudo, lembrar-nos que, por causa de uma falta de gentileza aqui, uma falta de tolerância ali e outra impacienciazinha acolá, multiplicadas por quase sete bilhões de nós sobre o planeta, e considerando que nossas ações influenciam e inspiram as ações de, no mínimo, outras cinco pessoas, é que temos vivido num cenário de guerras intermináveis, assassinatos injustificáveis e dores profundas na alma da maioria das pessoas. Porque, acredite você ou não, ninguém – nem você, nem eu – fica alheio a qualquer agressividade cometida. Ninguém permanece intocado pela violência, mesmo não sendo seu alvo direto. As consequências reverberam pelo mundo inteiro, atingindo a todos, de uma forma ou de outra.

Além disso, cabe a cada um de nós encontrar caminhos alternativos, atitudes paralelas e saídas criativas para lidar com as pressões inevitáveis do dia a dia. São muitas as maneiras de relaxarmos e resgatarmos a tolerância. Desde as mais serenas, como respirar profundamente, caminhar, meditar, fazer ioga, nadar, rezar e alongar o corpo, até aquelas que nos auxiliam no resgate do equilíbrio dos níveis de serotonina e adrenalina – hormônios do bem-estar físico e mental –, tais como praticar arte marcial, cavalgar, correr ou – por que não? – gritar e esmurrar o travesseiro incansavelmente, sozinho, até sentirmos que estamos esvaziados da irritação e do estresse. Estas últimas são as preferidas das pessoas com personalidade mais enérgica, e cada um pode descobrir e desenvolver a sua forma de se reequilibrar.

Enfim, extravasar e se expressar são extremamente importantes para nos mantermos saudáveis, mas quando ferimos o outro a fim de nos sentirmos aliviados, quando usamos de violência e crueldade para descarregarmos nossa raiva, botamos fim a qualquer razão, a qualquer direito. A sensação final nunca pode ser positiva, satisfatória, prazerosa. Ferir o outro é ferir a si mesmo. E é especialmente esta consciência da unicidade que deve nos tornar gentis, porque, em última instância, investir contra o outro é investir contra si mesmo.

TOLERAR É APOSTAR NA VIDA!

Quando comecei a estudar a gentileza e alimentar o desejo de escrever um livro sobre este assunto, diversas vezes disse a mim mesma que não pretendia convencer meu leitor de que devemos ser gentis por causa dos ganhos que este comportamento indiscutivelmente nos traz. Não gostaria de transformar a gentileza numa espécie de moeda de troca, num benefício pessoal, embora soubesse que inevitavelmente seria. E pensei nisso porque, embora compreenda que faz parte da natureza humana a busca pela reciprocidade, também já aprendi que essa reciprocidade é inexata. Somente quando ampliamos nossa capacidade de perceber a matemática do Universo é que compreendemos que a reciprocidade é, na maioria das vezes, indireta, incalculável, aparentemente inexplicável.

Não é à toa que tantas vezes temos nos questionado sobre por que pessoas boas sofrem, por que crianças passam fome e morrem e por que pessoas más parecem se dar bem em muitas ocasiões. Isso revela nossa percepção limitada da dinâmica da reciprocidade. Os motivos vão além de nossa capacidade de entendimento. E quando nos damos conta disso, compreendemos, finalmente, o significado da fé. Fé é acreditar mesmo sem ver, mesmo sem entender. Então, a minha ideia é esta – que você seja gentil mesmo quando aparentemente não tiver nenhuma razão para isso!

Caso contrário, sem entendermos muito bem de que maneira, estaremos investindo naquele vazio ardido do qual já falei anteriormente. Atitude após atitude, escolha após escolha, e a maioria de nós vai continuar se adaptando à dor, se adequando ao "chumbo trocado" e aceitando uma vidinha bem mais ou menos, como se isso fosse o máximo a que temos direito. E, assim, a gente passa a vida amando mais ou menos, sofrendo mais ou menos, sendo mais ou menos feliz e sem entender que tudo poderia ser bem diferente se decidíssemos ser gentis com a gente mesma e, na mesma medida, com o outro, para que os resultados fossem fantasticamente diferentes. Até quando permaneceremos na turma dos idiotas, considerando a frase de Tia Mame, citada no livro *Vivendo, Amando e Aprendendo*, do Leo Busclaglia: "A vida é um banquete maravilhoso e a maioria dos idiotas continua morrendo de fome!"

Os tributos que compõem a gentileza podem ser a diferença crucial entre a felicidade de verdade e a felicidade mais ou menos, entre desfrutar o banquete ou continuar com fome. Gente, o mundo dá voltas. A vida não para. O lugar onde estamos agora é transitório. Não podemos prever ao certo onde estaremos amanhã e por quê! Estar de bem com a vida, consigo mesmo e com as pessoas é uma vantagem enorme, se considerarmos que somos todos um e, ao contrário do que supomos, não somos nem dependentes, nem independentes. Somos, sim, interdependentes. E que seja, então, por uma mera questão de inteligência, esteja de bem com todos pela dádiva da troca, pela alegria de compartilhar, sem necessariamente esperar por algum benefício imediato. Porque ele virá, pode apostar, mas se você não estiver atento, pode nem perceber.

De qualquer forma, enquanto estudava e pesquisava sobre a gentileza, encontrei muita coisa linda, muitas ideias transformadoras, muito conteúdo e histórias capazes de nos fazer pensar no modo como temos vivido – na maior parte do tempo, a verdade é que apenas reagimos (e bem mal) ao que acontece ao nosso redor. Dentre o que encontrei, quero compartilhar com você uma parábola que trata justamente da transitoriedade da vida e do quanto podemos ser salvos (ou mortos) pelas mais "inocentes" e cotidianas condutas que adotamos com as pessoas. É a história sobre a persistência da gentileza e sobre o exercício da tolerância de um rabino para com um nazista, engessado por preconceitos sociais, que adaptei para a compreensão da gentileza. (E você, será que tem algum preconceito?...)

> *Samuel era um rabino que, na década de 1930, vivia numa aldeia polonesa. Gostava de dar longas caminhadas pelo campo. Era conhecido por sua gentileza, pela forma afetuosa e acolhedora com que a todos se dirigia.*
>
> *As relações entre cristãos e judeus não eram muito boas naquela aldeia. Mesmo assim, toda vez que o rabino passava pelo camponês, Sr. Muller, fazia questão de cumprimentá-lo com um sonoro e animado "bom-dia"!*
>
> *Naturalmente que não recebia resposta. O lavrador lhe voltava as costas, em silêncio. O rabino, contudo, não desistia. Era dessas pessoas que realmente decidem sobre como vão agir. Todos os dias, nas manhãs de sol, passava e cumprimentava o Sr. Muller com sua gentileza habitual.*
>
> *Finalmente, depois de muito tempo, o lavrador decidiu corresponder ao cumprimento. Primeiro com um leve toque no*

chapéu. Depois, acrescentou um sorriso. Mais tarde, cumprimentava de volta: "Bom-dia, Rabino!" Felizmente as pessoas melhoram, aprendem, crescem. Tornam-se seres mais cientes do que seja humanidade.

Os anos se passaram. Chegaram os nazistas. O rabino e toda a sua família foram feitos prisioneiros e levados a um campo de concentração. O rabino foi transferido de um campo para outro, até chegar ao de Auschwitz.

Desembarcando do trem, ele foi colocado numa enorme fila para seleção. Enquanto caminhava ao ritmo imposto, percebeu que lá na frente estava o comandante do campo. Era ele que indicava com um bastão para onde o prisioneiro deveria ir: para a esquerda ou para a direita.

À esquerda, queria dizer morte imediata. À direita, garantia algum tempo de sobrevivência. Sentiu que seu coração começou a palpitar. A fila avançava e ele pensava: "Esquerda ou direita?" "Morrerei ou viverei?" "Que tipo de homem – pensou – seria aquele comandante que tão deliberadamente decidia sobre a vida e a morte de outros tantos homens?"

Quando estava apenas a uma pessoa de distância do oficial, afastou o medo e olhou com curiosidade para o rosto do comandante. Naquele momento, o homem se voltou para ele e seus olhos se encontraram. O rabino se aproximou. Era sua vez. Olhou fixamente para aquele homem que o fitava e disse baixinho:

– Bom-dia, Sr. Muller.

Os olhos do comandante tremeram por um segundo. A seguir, respondeu:

– Bom-dia, Rabino.

Estendeu o bastão para a frente. Apontou à direita e gritou:

– Passa.

E o rabino passou para a direita, para a vida.

Desejo de todo o coração que compreendamos, definitivamente, o inestimável valor da prática da tolerância e que nossa vida seja pautada em algo parecido com a frase de C. Torres Pastorino: "Plante sementes de otimismo e de amor, para colher amanhã os frutos da alegria e da felicidade". Isto é, exercício de tolerância e todos os benefícios que este hábito pode nos trazer!

Capítulo 5

Gentileza na convivência!

Quem me conhece sabe que uma de minhas práticas preferidas é refletir, além de falar e escrever sobre as relações humanas. Quanto mais observo, quanto mais sinto e, principalmente, quanto mais vivo, mais tenho a certeza de que muito ainda tenho a aprender sobre este complexo e delicado mundo: o da convivência entre duas ou mais pessoas, seja por força das circunstâncias, seja por opção. Isto é, o mundo dos relacionamentos.

O nó está justamente no fato de que relacionar-se implica um intrigante desafio: compreender por que é que quanto mais proximidade há menos tolerância; quanto mais intimidade, menos paciência; quanto mais convivência, menos aceitação das diferenças. Por que é justamente com as pessoas que mais amamos que menos nos tornamos atentos às gentilezas? Por que é com elas que mais rapidamente nos permitimos ficar indóceis, agressivos e ariscos?

Claro que poderia responder a essas indagações explicando que os encontros se configuram como a mais preciosa e eficiente oportunidade para treinarmos tais virtudes, para identificarmos nossas condutas mais imaturas e trabalhá-las, a fim de nos tornarmos mais maduros.

Obviamente também que compreendo ser este o campo de aprimoramento de nossas limitações, a possibilidade de evoluirmos enquanto aprendizes espirituais; mas, ainda assim, fica-me a sensação de que muito mais poderíamos assimilar e compreender para que o passeio por esse que considero, por diversas razões, o mais complexo labirinto pelo qual caminhamos fosse menos traumático, mais harmonioso e aconchegante. Afinal, quem seríamos se não fosse a convivência? Será mesmo que ainda somos ingênuos o bastante para ignorarmos a vital importância de compartilhar nossa existência? Será mesmo que ainda acreditamos que sem o contato diário e prolongado com as pessoas teríamos alguma *chance* de sobrevivência? É a presença e a companhia do outro, em última instância, que nos mantêm vivos. Daí a teoria de Abraham Maslow, criador da Hierarquia das Necessidades, dispostas em uma pirâmide cuja base aponta para as necessidades primárias de sobrevivência, e a direção ao topo vai delineando necessidades mais amadurecidas e evoluídas. E como somos seres em constante evolução, o movimento natural é que tentemos conquistar o topo.

Segundo Maslow, as necessidades são, resumidamente, cinco. Depois de satisfazermos a primeira e a segunda, que são as fisiológicas e a de segurança – e que já revelam o quanto a ajuda de outras pessoas é importante, pelo menos no período inicial de nossa vida –, passamos para a terceira necessidade, que é pertencer a um grupo. Desde pequenos, buscamos o agrupamento para nos sentirmos pertencentes, incluídos, aceitos. E o primeiro grupo, em geral, ao qual nos aninhamos é a família, com quem descobrimos não só a noção de convivência, como também a de confiança e a de acolhimento. Essa deve ser a primeira fonte de afeto e aceitação de que tanto e muito precisamos! Depois, nós nos associaremos aos grupos de amigos, os sociais, escolares, profissionais, de lazer, esporte e muitos outros ao longo da vida, incluindo as relações amorosas, os casamentos e a própria família que constituiremos.

E depois de satisfeita essa terceira necessidade, desejamos satisfazer a necessidade de estima. Ou seja, queremos ser reconhecidos por quem somos individualmente, pela contribuição que damos ao grupo, por aquilo que somos a despeito do conjunto. Quando essa necessidade não é satisfeita, sintomas como baixa estima, depressão e desânimo crônico são as consequências. Em casos extremos de não reconhecimento e não afeto, a morte é inevitável. E já vimos isso acontecer com bebês e crianças abandonados que, sem recursos e sem ferramentas, morrem ainda que tenham satisfeitas suas necessidades fisiológicas, de afeto e de pertencimento. Por último, buscamos a satisfação da necessidade de autorrealização. E para se sentir realizada, uma pessoa precisa estar motivada para atingir o seu melhor, para fazer acontecer seus sonhos e superar a si mesma. E o que mais pode nos motivar senão o apreço que recebemos de quem amamos? Que graça teria conquistarmos o que quer que seja senão tivéssemos com quem compartilhar, se não tivéssemos ninguém para nos relacionar? Nenhum amigo, nenhum par, nenhum familiar, ninguém e nenhuma possibilidade de conseguirmos esse vínculo?

Se quiser compreender melhor como se dá a satisfação das necessidades, sugiro que assista ao filme *Náufrago*, com o ator Tom Hanks, que conta a história de um profissional bem-sucedido que se vê sozinho, numa ilha, depois de um acidente com o avião no qual viajava, e tem de reconstruir sua vida e reconquistar seu lugar no mundo. Nesse passo a passo, ele vai se movendo sincronizadamente em busca da satisfação das necessidades dispostas na pirâmide. Primeiro, procura água doce para matar a sede (fisiológica), depois busca instrumentos para construir uma cabana e se proteger (segurança). Em seguida, estabelece uma relação imaginária com uma bola de vôlei e, paralelamente, mantém sua ligação afetiva com a namorada por meio de uma foto que tem dela (sensação de pertencimento). E, assim, sentindo-se motivado pela estima que sente por eles e que imagina ser recíproca, ele age e planeja sua derradeira tentativa de ser encontrado em alto-mar e de resgatar sua vida antes do acidente (estima). Por fim, lança mão da vida que lhe restou para se autorrealizar (autorrealização).

Portanto, ainda que haja tanto de difícil na arte de conviver, é somente aí – na certeza de que existimos a partir da presença e do reconhecimento do outro – que nos sentimos vivos e fortes para seguirmos adiante. E é por isso que ser gentil na convivência é, no meu ponto de vista, um dos maiores e mais gratificantes desafios aos quais somos submetidos em toda a nossa vida.

Muito provavelmente, essa dificuldade se deve ao fato de que é na rotina que nossas diferenças ficam sobressalentes e, algumas vezes, chegam a ser gritantes, incomodando o outro de forma perturbadora. Daí, em vez de aproveitarmos o ensejo para percebermos nossas limitações e amadurecermos, tendemos a interpretá-lo como uma afronta e, imediatamente, reagimos. Agredimos o outro para nos defender. Dificilmente conseguimos manter a gentileza e a tolerância diante da frustração de sermos "desmascarados". Mas não é por mal que o outro aponta tão precisamente as nossas dificuldades e os nossos erros. É porque este é o talento que eu e você desenvolvemos, dia após dia, numa convivência. Ou seja, a capacidade de identificar e apontar o que o outro faz de pior! Se compreendermos o lado bom desse talento do outro, poderemos evoluir absurdamente. Além disso, e talvez principalmente, se percebermos o quanto nós também nos tornamos afiados nessa tarefa de identificar e apontar os erros do outro, poderemos nos tornar menos intolerantes e mais amorosos nessa tarefa.

E você pode estar pensando agora que a convivência também nos permite identificar o que o outro faz de melhor! Que bom se for assim! Você teria toda a razão. A convivência e a intimidade também nos habilitam a apontar os melhores talentos do outro, reforçando suas atitudes positivas, satisfazendo sua necessidade de estima e motivando-o na busca da autorrealização. Quando decidimos ser gentis com as pessoas ao nosso redor, somos capazes de transformar a vida delas, de fazê-las muito mais felizes e produtivas. Infelizmente, a maioria de nós ainda não percebeu esse talento que só a convivência nos permite com tamanha eficiência e, pior do que não perceber, a maioria de nós simplesmente não está focada nesse objetivo, perdendo a *chance* sagrada de levar o outro ao máximo de suas possibilidades. Isso, sim, é gentileza da melhor qualidade!

Sendo assim, sem desconsiderar o quanto a intimidade nos expõe perante o outro, sem desconsiderar o quanto nem sempre estamos preparados para nos descobrir tão desnudados diante de um olhar que percebe, julga e critica, quem sabe possamos começar a enxergar também toda a incrível maravilha que aí está contida? No final das contas – admitamos –, nossa maior dificuldade está em lidar com as diferenças, com o fato de que nem sempre a vida acontece como gostaríamos e que muitas vezes precisaremos ceder para que a harmonia sobreviva. Realmente, meu caro, não é nada fácil praticar constantemente a gentileza na convivência, por mais motivos que tenhamos para isso e por mais que – acredite! – valha muito a pena tentar! Afinal, não seria com aqueles que mais amamos que mais deveríamos nos mostrar amáveis e gentis?

Sâmara Jorge propõe uma importante reflexão:

> *Se por um lado tanto horror nos causam as atrocidades cometidas por grupos terroristas, criminosos, governos corruptos, por mães que espancam filhos, maridos que cometem atos de violência contra suas mulheres, entre outros inimagináveis, por outro, será que conseguimos perceber as pequenas atrocidades que cometemos em nosso dia a dia? Sim, porque, embora diferentes em grau e intensidade ou mesmo sem ter a intenção, podemos ferir profundamente as pessoas que convivem direta ou indiretamente conosco. Brigar no trânsito, berrar palavrões, humilhar pessoas publicamente, não recolher o cocô do próprio cachorro da calçada, jogar lixo na rua, desrespeitar um idoso, gritar com filho ou marido são alguns exemplos de atitudes que a maioria de nós tem, e até com certa frequência.*

E por ser uma pessoa tão decididamente gentil, Sâmara realmente tem se indignado com a falta de gentileza das pessoas. Diversas vezes comentou comigo sobre o quanto se sente deslocada diante das grosserias recorrentes que presencia ao seu redor. Ela é uma daquelas pessoas que falam com doçura, que sorriem com os olhos, que abraçam com o coração. Diante da dor do outro, se sensibiliza, e seu modo particularmente carinhoso de escutar sempre nos dá a impressão de estarmos sendo gratuita e verdadeiramente acolhidos. Gosto demais de ficar perto dela, especialmente porque ela sabe, como poucos, encontrar um modo criativo de transformar os sentimentos difíceis em algum aprendizado. Tanto que, diante da falta de gentileza de alguns, ela escreveu um texto inspirador sobre o assunto e enviou aos seus amigos. Felizmente, faço parte dessa lista e me sinto lisonjeada em poder compartilhar com você as palavras tocantes dessa mulher que tanto admiro:

> *Quantos de nós, após anos de relação com alguém que verdadeiramente amamos, vamos deixando de lado a gentileza e a atenção que nos desdobrávamos para dar no início do relacionamento? Quantos de nós costumamos ser muito mais amáveis com quem não conhecemos, ou com colegas de trabalho, do que com nossos filhos e familiares? Quantos de nós dizemos 'bom dia' ou 'obrigado' ao porteiro do prédio do amigo, quando eventualmente o visitamos, mas esquecemos de fazê-lo à pessoa que abre a porta para nós, todas as manhãs, em nosso próprio prédio? Sim, tendemos a ser mais doces e educados com quem está longe de nós. Isso, sem dúvida, deve ser preservado, mas precisamos também estar muito atentos às nossas reações ante as diversas pessoas e situações que nos rodeiam. No início, isso talvez exija um grande esforço, pois a primeira coisa que precisamos fazer é tomar consciência do que nos irrita ou nos enraivece. Essas são reações que fazem parte da natureza humana e, portanto, perfeitamente naturais e esperadas em qualquer pessoa. O problema está na forma de expressar esses sentimentos. Aprender a ouvir é também outro aspecto que precisamos urgentemente desenvolver. Muitas vezes, disparamos a falar, a dar ordens, sem perceber que tiramos do outro o direito de argumentar. E, o que é pior, nem percebemos o quanto somos autoritários!*

A seguir, criei algumas dicas na tentativa de facilitar essa nossa árdua tarefa de nos tornarmos um pouco mais gentis na convivência. Acredito que essa decisão pode realmente promover em nossas vidas uma alegria e uma satisfação até então desconhecidas. E acredito também que a falta de gentileza com aqueles que convivemos, especialmente nossos pais, filhos, familiares e cônjuges, e também com nossos parceiros, colegas de trabalho e clientes, é, além de uma enorme burrice – porque transforma nossa própria vida num constrangimento constante –, é uma verdadeira blasfêmia. Não há nada mais precioso do que as relações estabelecidas no cotidiano, porque nosso humor e nosso bem-estar são consideravelmente influenciados por elas.

Aprendi com Aldo Novak, representante oficial do filme *O Segredo* no Brasil e especialista da Lei da Atração, que somos o resultado da média das cinco pessoas com quem mais convivemos. Pois aí está mais um ótimo motivo para cuidarmos da qualidade dessas relações.

10 DICAS PARA SER MAIS GENTIL NA CONVIVÊNCIA

1. Escute mais e melhor

Gentileza tem absolutamente tudo a ver com ouvir o outro. Infelizmente, por mais que nos seja lembrado sobre a importância de escutar o que as pessoas estão nos dizendo, ainda tendemos muito mais a falar, sem focar a atenção para a direção correta. Os conhecidos provérbios do tipo "Falar é prata. Calar é ouro" ou "Quem muito fala, muito terá de se justificar" ou ainda "Deus nos deu dois ouvidos para ouvir e apenas uma boca para falar", entre outros, parecem não ter-nos convencido ainda! Pois pode apostar: ouvir um pouquinho mais já se trata de um fantástico investimento na ampliação de sua capacidade de ser gentil! A decisão de ouvir revela, na prática, o fabuloso intuito de encontrar o ponto de sintonia entre ouvinte e locutor e, assim, chegar a um consenso. Mas quando sugiro ouvir melhor, veja bem, estou falando da qualidade dessa escuta. Escutar com interesse, escutar com atenção, escutar com o coração aberto! E não escutar como a maioria de nós escuta, ou seja, já pensando no que vai responder, totalmente interessado em ter razão, em derrubar o argumento do outro, em provar que ele está errado! Não!!! É perceber que, além de todos os benefícios que podemos assegurar a qualquer relação, ouvir as pessoas também é um impagável aprendizado sobre as relações interpessoais. E ainda, segundo Carl Rogers, psicólogo americano, precursor da psicologia humanista e criador da linha de abordagem centrada na pessoa, quando alguém é ouvido, torna-se capaz de rever seu mundo e continuar. Todo o seu trabalho foi desenvolvido sobre o poder de ouvir:

> *É incrível como alguns aspectos, que antes pareciam insolúveis, tornam-se passíveis de solução quando alguém nos ouve. É incrível como as confusões que pareciam irremediáveis transformam-se em correntes que fluem com relativa facilidade quando somos ouvidos.*

2. Evite julgamentos precipitados

Quantas vezes julgamos uma pessoa ou uma situação antes de termos todas as informações necessárias para isso? E quantas e quantas vezes esse julgamento é injusto, equivocado, exagerado ou parcial? Aliás, será mesmo que estamos prontos para realmente julgar alguém? Será mesmo que podemos ocupar o lugar de juízes uns dos outros? Se percebêssemos quantas oportunidades perdemos ao julgarmos precipitadamente, certamente tomaríamos mais cuidado!

Aqui também caberiam perfeitamente alguns provérbios do tipo "Quem julga certamente será julgado" ou "Antes de a outro julgares, julga-te a ti mesmo" ou ainda o popular "O macaco senta no próprio rabo pra falar do rabo dos outros", mas eles também não têm sido suficientes. E o mais interessante é que, no momento em que decidimos ouvir as pessoas, olhar de verdade para elas, o julgamento que tínhamos feito, muito comumente, cai por terra. Não só porque passamos a enxergar a pessoa por inteiro, compreendendo muito mais humanamente suas atitudes e escolhas, mas, sobretudo, porque descobrimos que somos muito mais parecidos uns com os outros do que geralmente supomos.

E sempre que falo sobre julgamento, lembro-me de alguns versos da linda tradução da música de Damien Rice – *The Blower's Daughter* ("É isso aí") –, cantada por Ana Carolina e Seu Jorge, que dizem "...Há quem acredite em milagres. Há quem cometa maldades. Há quem não saiba dizer a verdade..." E nós, ingênuos, logo julgamos que o mundo é feito de pessoas que acreditam em milagres e pessoas que não acreditam. De um grupo que comete maldades e outro que não comete. E, por fim, de pessoas que não sabem dizer a verdade e pessoas que sabem! Que nada, gente! Acordemos todos! O mundo é feito de mim, de você, dos seus amigos, dos meus, da minha família, da sua, e por aí vai... E, convenhamos: eu, você e os que estão ao nosso redor, dependendo do tamanho do medo, da intensidade do desespero ou do tanto que sofreram pela vida afora, ora acreditam em milagre, ora não acreditam. Ora cometem maldades, ora cometem bondades. Ora falam a verdade, mas ora não falam! Somos todos muito parecidos no nível de aprendizado, no ritmo de evolução. A escola é a mesma para todos. Muda o tempo, mudam os mestres, mas a escola ainda é a mesma!

Portanto, um pouco menos de julgamento e um pouco mais de gentileza só podem facilitar horrores para todos nós!

3. Demonstre interesse pelas pessoas

Estamos todos tão apressados, correndo atrás não-sei-de-quê, que já não temos tempo para encontrar o que tanto temos procurado. Sim, porque ainda que justifiquemos nossa correria e nosso ritmo alucinado com o fato de termos de trabalhar, ganhar dinheiro para sustentar aqueles que amamos, ou manter condições para estarmos com os amigos, o que temos conseguido é ficar cada vez mais distantes deles. Quando chegamos em casa e nos deparamos com familiares, filhos, pais, cônjuges – que são a razão de toda nossa correria –, estamos cansados demais para eles. Estamos exaustos e sem vontade de conversar, de saber como eles estão, como foi o dia deles, se estão se sentindo felizes ou não. Terminamos nos entregando à inconsciência da tevê e desperdiçando nosso precioso tempo com o que, no final das contas, não tem a menor importância. Para se ter uma ideia do ponto em que chegamos, ao encontrarmos um vizinho que não vemos há semanas, e perguntarmos como ele vai, em geral nem ouvimos as respostas. Não temos tempo para nos interessar em saber como vão as pessoas. Não temos tempo para uma conversa na varanda, no fim da tarde, para uma caminhada descontraída no fim de semana. Não temos tempo, e o pior de tudo é que acreditamos nisso!!! Temos tempo, sim! Basta nos organizarmos, basta priorizarmos o que realmente importa, basta focarmos nossa atenção e nossa disposição para as pessoas e não para as coisas. Isso é sutil gentileza, mas capaz de transformar rotinas e vidas de forma inacreditável. Tente!

4. Use a pasta de rascunhos

Se você usa computador, acessa a internet e recebe *e-mails*, sabe que, nos programas usados para baixar correspondência eletrônica, existem algumas pastas-padrão com o intuito de ajudar na organização. Uma delas é a pasta de rascunhos. É onde a gente guarda uma mensagem não acabada, ou algo que não deve ser enviado naquele momento, por qualquer razão. Pois muito bem! A ideia de gentileza contida nessa pasta está justamente na possibilidade de não agir precipitadamente e terminar cometendo um grande erro. Ou seja, sabe aqueles momentos em que você está muito, mas muito bravo com alguém ou alguma situação? Sabe aquele dia em que você gostaria de dizer poucas e boas para uma pessoa do seu trabalho ou algum amigo que aprontou com você? Enfim, aquele dia em que você não sabe, não quer saber e tem raiva de quem sabe do que se trata a gentileza? Pois é justamente nesse dia que você deverá usar a pasta de rascunhos ou qualquer papel de rascunho que encontrar pela frente.

Nesse espaço, escreva tudo o que estiver sentindo. Deixe sua raiva vir à tona, sem freios, sem pudor, à vontade. Escreva tudo o que gostaria de dizer para essa pessoa sem nenhuma abreviação. Não se importe, nesse momento, se está sendo mal-educado, malcriado ou exagerado. Dê vazão à sua indignação. Porém, contudo, no entanto... NÃO MANDE ESSA MENSAGEM! Nem para a pessoa, nem para ninguém. Guarde na pasta de rascunhos ou numa gaveta qualquer e espere passar dois ou três dias. Depois, pegue o que escreveu e leia. Certamente, você se dará conta do quanto a raiva nos leva a distorcer, exagerar ou desenterrar antigas mágoas desnecessariamente. Vai rir de si mesmo e se sentir aliviado por não ter mandado a tal mensagem.

E que fique a lição de gentileza: não aja dominado pela raiva, porque muito provavelmente vai se arrepender, perder a razão e, mais do que isso, perder amizades ou oportunidades importantes. Deixe a raiva no rascunho e legitime somente a sua lucidez e o seu equilíbrio.

5. Dê um crédito

Todos nós, de quando em quando, temos um dia difícil. Acordamos de mau humor, com pouca paciência e disponibilidade para a gentileza. Dias em que, com ou sem razão que justifique, estamos para "poucos amigos", como se costuma dizer. Portanto, por que não aliviar a crítica e o julgamento e simplesmente dar um crédito para alguém que estiver de mau humor ao seu lado? Afinal, posso apostar que você gostaria que fizessem o mesmo quando estivesse experimentando momentos de irritação e intolerância, não? E talvez você esteja se perguntando por que deveria aprender a relevar a falta de gentileza de alguém justamente ao ler um livro que incentiva a gentileza. Mas quer maior gentileza do que manter a sua tolerância e paciência diante de alguém que as perderam?

Além do mais, este livro não se trata de um manual para se tornar alguma santidade. Somos todos humanos, em busca de melhorias constantes, sim, mas com toda nossa fantástica imperfeição. E isso significa que, por mais que estejamos dispostos a nos tornar mais gentis, haverá dias em que não conseguiremos cumprir essa meta. E que nesse dia, alguém, assim como você, saiba dar um crédito!

6. Reconheça: o botão da irritação é seu

Adoramos disparar acusações do tipo "fulano me irrita, me tira do sério, acaba com a minha paciência!" ou ainda "não há gentileza que resista diante de sicrano, com suas provocações". Tá, pode até ser verdade que fulano e sicrano sejam desagradáveis, irritantes e peritos em tentar tirar a paz das pessoas. No entanto, admitamos: seja quem for, só consegue nos irritar se estivermos irritáveis. As pessoas só conseguem nos provocar se estivermos provocáveis. O botão que dispara a minha irritação ou a sua é individual. O que me irrita pode não irritá-lo, portanto, quem decide sobre ficar ou não irritados somos nós e não o outro. Se você anda irritado demais, com tudo, com todos, provavelmente precisa rever o quão exposto está deixando seu botão, o quanto não está protegendo seus pontos frágeis. E, mais do que isso, precisa cuidar para fortalecer sua paciência e seu ponto de equilíbrio diante de pessoas perturbadoras. Há um trecho do texto *Desiderata*, do qual gosto muito, que diz assim:

> *Evite pessoas barulhentas e agressivas. Elas são tormento para o espírito!*

Esse pode ser um bom começo para proteger o seu botão da irritação. Evite o que o irrita e quem o irrita, tanto quanto possível. E pare de acreditar que as pessoas ou as situações têm o poder de tirá-lo do sério. Não têm! Se você fica irritado, é porque assim se permitiu. A decisão final é sempre sua de como vai encarar uma situação, seja essa decisão consciente ou não. Por isso, o melhor é que comece a ser sempre consciente.

7. Aprenda com o "inimigo"

Aprender o quê com alguém que você não gosta? Se essa for a sua dúvida, vou começar essa dica de gentileza e, sobretudo, de inteligência com uma frase do grande pensador Khalil Gibran:

> *Aprendi silêncio com os falantes,*
> *tolerância com os intolerantes*
> *e gentileza com os rudes.*
> *E, ainda assim, estranho, sou ingrato a esses mestres.*

É por aí! Sempre podemos aprender algo com as pessoas, e talvez especialmente com aquelas que nos incomodam, aquelas que tendemos a julgar, criticar e apontar os defeitos mais veementemente. Porque, também, como muito bem avisou o escritor Hermann Hesse, em seu maravilhoso livro *Demian*:

> *O homem a quem quiseres matar nunca será este ou aquele; esses não passam de disfarces. Quando odiamos um homem, odiamos em sua imagem algo que trazemos em nós mesmos.*

E isso, a meu ver, revela o quanto o inimigo tem a nos ensinar sobre nós mesmos, nossas limitações, nossos medos e críticas, principalmente aquelas que disparamos e sustentamos contra nós mesmos. Por isso, sugiro com toda a minha gentileza, que você passe a olhar para seu inimigo (ou simplesmente alguém a quem você não admira) como um mestre, alguém que pode lhe revelar particularidades sobre a vida e sobre si que nenhum amigo conseguiria. E, a partir dessa dinâmica, o seu olhar para ele já será tremendamente menos agressivo, menos odioso. E os resultados serão inacreditavelmente produtivos.

8. Não reaja imediatamente à crítica

Até por uma questão de sobrevivência social e cultural, tendemos a reagir imediatamente a qualquer crítica que recebemos, sem ao menos nos questionar se ela tem ou não fundamento. Queremos explicar, justificar ou, mais do que isso, revidar. Não importa se o outro está com a razão. O que queremos é fazê-lo sentir-se tão mal quanto fez com que nos sentíssemos com seu comentário. A crítica, infelizmente, é vista pela grande maioria das pessoas como uma ofensa, uma afronta, e não como uma oportunidade de crescimento, como um apontamento direto ao erro, o que aumenta consideravelmente as *chances* de revisão de atitude.

A ideia, aqui, é que você aprenda a não reagir imediatamente quando for criticado por alguém. Antes, ouça atentamente qual é a queixa que está sendo feita sobre você. Respire profundamente (lembra-se do poder da respiração?) e assimile o que foi dito. Reflita, questione-se, tente perceber quanto existe de verdade no que foi dito. Muitas vezes, as pessoas esperam até não aguentarem mais para fazer uma reclamação sobre nosso comportamento. Daí, quando resolvem falar, estão tão magoadas, ou com tanta raiva, que exageram, usam de palavras pesadas e até ofensivas mesmo, mas isso não significa que não existe nenhuma verdade no que elas estão dizendo. Claro que se conseguissem dizer como se sentem antes de deixar pingar a gota que faz transbordar o copo seria bem mais fácil conversar e encontrar uma solução para a questão que está incomodando.

Mas já que nem sempre as pessoas conseguem fazer dessa maneira, muito mais criativa e produtiva, cabe a quem estiver sendo criticado tentar aproveitar a situação. Assim, depois de fazer uma análise justa e com calma, certamente você conseguirá se defender com muito mais propriedade, segurança e serenidade. Vai estar preparado para assumir a parte que lhe cabe na crítica, justificar-se e esclarecer sobre a parte que não lhe cabe. Tudo isso com muita gentileza e amadurecimento.

9. *Peça desculpas*

Conheço pessoas do tipo que pedem desculpas por qualquer coisa. A todo instante, diante de qualquer situação minimamente fora do previsto, já vão se desculpando. Por outro lado, também conheço pessoas do tipo que preferem morrer a pedir desculpas. Consideram esse pedido como uma humilhação absurda. Não pedem desculpas mesmo correndo o risco de perderem amizades, empregos ou de passar anos e anos sem falar com pai, mãe, irmão, filho, e por aí vai. E pensar que bastaria apenas um ato de reconhecimento do quanto o afeto é mais importante. Bastaria que essas pessoas se dessem conta do quanto vale muito mais a pena uma conversa, um esclarecimento para que tanta dor e tantos transtornos fossem evitados.

Claro que pedir desculpas o tempo todo também não é eficiente. Reconhecer o próprio erro é uma atitude nobre, superior, inteligente, que demonstra grandeza interior e, portanto, não pode ser banal, repetido a todo instante. Mas também não pode ser valorizado a ponto de se tornar sinônimo de santidade. Desculpar-se é totalmente humano, parte do aprendizado desta condição limitada em que todos nós nos encontramos.

E acredite: pode fazer milagres nos relacionamentos, salvar situações aparentemente perdidas e evitar até tragédias.

10. Quando você muda, o mundo muda

Muita gente, nas palestras que faço sobre o poder da gentileza, vem me questionar, no final, sobre o quanto a mudança de atitude delas pode ser realmente eficiente e produzir resultados satisfatórios se o outro não mudar. Faz sentido! Se você pensar que nem todas as pessoas vão chegar a ler um livro que fale especialmente de gentileza e que proponha novas maneiras de agir e, principalmente, de reagir, pode mesmo imaginar que o fato de você mudar não garante a mudança do outro.

E você tem toda a razão. Não garante mesmo. Mudar é uma decisão pessoal. Ninguém muda porque o outro decidiu ser diferente. Você poderá, sim, motivar muitas pessoas a repensarem suas escolhas no momento em que agir com mais paciência, mais tolerância e mais gentileza. Mas mudar ou não será uma decisão exclusivamente de cada um. No entanto, este livro não se propõe a isso em nenhum momento. Não queremos mudar o outro. Queremos, sim, provocar uma mudança contundente no mundo. E uma coisa podemos garantir: quando você muda, o mundo já é diferente. É outro. É novo. Você passa a enxergar as circunstâncias e as pessoas com novos olhos, com uma postura muito mais admirável e transformadora.

E isso faz toda, absolutamente toda a diferença nos resultados finais. É por isso, é só por isso, que sugiro você não perder tempo tentando mudar o outro. Mantenha-se focado em sua própria mudança, porque isso já vai lhe dar trabalho suficiente.

Capítulo 6

Pessoas gentis mudam o mundo!

Considero este um dos capítulos mais especiais do livro, porque ele é a prova de que pessoas gentis realmente mudam o mundo. Temos exemplos comoventes, tocantes, inspiradores e emocionantes de pessoas que, com sua doçura, com seu afeto, com sua gentileza e, sobretudo, com sua decisão irrevogável de não se manifestar usando de violência e agressão, deixaram-nos não só a esperança de um dia melhor, mas a certeza de que hoje podemos ser um pouco mais felizes. Pessoas que tocaram outras vidas e tornaram a existência ao seu redor algo totalmente novo, deixando um rastro de paz, alegria e amor.

Estou certa de que, ao conhecer o legado de algumas dessas pessoas, você se sentirá inspirado a transformar suas atitudes em promotoras de gentileza também.

Adoraria contar de forma pormenorizada a história e os feitos do maior número de pessoas gentis, mas deixo essa tarefa para as brilhantes e imperdíveis obras biográficas que temos no mercado. Assim, escolhi uma única história para contar detalhadamente. É sobre a vida de alguém absolutamente adequado ao contexto atual, que fez parte de um tempo presente, que dedicou sua vida a espalhar gentilezas de forma criativa, envolvente e, tomara, imitável. Trata-se de José Datrino, sobre quem o teólogo Leonardo Boff escreveu:

Ele foi certeiro ao propor a gentileza como irradiação do cuidado e da ternura essencial.

Mas antes de contar a sua trajetória, quero fazer algumas citações pontuais. Vale a pena prestar atenção na história de vida construída por seres iluminados como Jesus Cristo, Buda, Mahatma Gandhi, Krishnamurti, São Francisco de Assis, Charles Chaplin, Sai Baba, Martin Luther King, Madre Tereza de Calcutá, Nelson Mandela, Papa João Paulo II, Betinho, Zilda Arns, entre tantos outros anônimos e conhecidos, que contribuíram de modo decisivo para edificar a gentileza.

Outro exemplo bem vivo e atuante é Tenzin Gyatso, monge, líder e mentor do povo tibetano. Tido como o 14º Dalai Lama, é uma das vozes mais lúcidas e comprometidas com a paz, o diálogo e a compaixão no cenário mundial contemporâneo. Cidadão planetário, Dalai Lama apela para que cada um de nós aprenda a trabalhar em benefício não só de si próprio, sua família ou nação, mas também em prol da humanidade como um todo.

Sobre ele, Martin Scorsese disse:

> *Dalai Lama é um homem fascinante. O fato de que ele representa uma religião cujos princípios básicos são a compaixão, a gentileza, a bondade, a tolerância só faz com que o fascínio aumente. A verdade é que vivemos num mundo extremamente violento. E pouca gente tem a autoridade moral de questionar esse estado de coisas. Ele tem.*

Dalai Lama e todos os outros citados anteriormente vivem ou viveram sob o princípio da não violência, pregando e mostrando, através de seus atos, o quanto a luta pacífica por efetivas transformações em nome da igualdade e da fraternidade é muito mais eficiente e infinitamente mais coerente do que aquelas que matam, ferem e destroem milhares de vidas, fazendo todo o discurso pela paz cair por terra. A violência, segundo essas pessoas gentis, não se justifica em hipótese alguma, em nenhum grau, em absolutamente nenhum contexto. É indiscutivelmente sem propósito!

E não apenas disseminaram essa ideia tanto quanto puderam, como também fizeram de suas vidas a prova mais contundente de sua razão.

A meu ver, o mais admirável é que, cada qual à sua maneira e dentro de seu processo de evolução e perfeição, ofereceu incansavelmente o seu melhor. Por isso, proponho que nos miremos nesses exemplos a fim de dar à nossa vida um sentido maior, contemplando o planeta com a possibilidade sagrada de partirmos deixando um lugar melhor do que aquele que encontramos quando chegamos.

Pois, como disse William Shakespeare:

> *Não serão nossos gritos a fazer diferença e sim a força contida em nossas mais delicadas e íntegras ações.*
>
> *Alto deve ser o valor de suas ideias, não o volume de sua voz...*
>
> *O mundo ouve mais quem fala baixo, mas pensa alto...*
>
> *Enquanto Hitler gritava bastante, Gandhi falava baixo, Chaplin fazia cinema mudo, Cristo não levantava a voz...*
>
> *Fale baixinho... Mostre que seu pensamento caminha além de sua voz.*

E por falar no valor de suas ideias e não no volume de sua voz, retomo agora a trajetória de José Datrino, um homem que deixou esta dimensão há pouco mais de uma década. Ele pregou a gentileza por todos os dias de sua vida, e mais ainda, nos últimos 30 anos de sua existência, pelas ruas de uma cidade maravilhosa, mas corrompida e brutalmente machucada pela violência diária. Conhecido como o Profeta Gentileza, esse homem cumpriu uma missão encantadora que o convido a conhecer e admirar!

As informações que aqui descrevo foram baseadas em diversos textos falando do Profeta, mas especialmente no trabalho cuidadoso e gentil realizado por Maria José Oliveira, graduada em Artes pela Universidade Federal de Juiz de Fora e Mestra em Comunicação Social pela Universidade Metodista de São Paulo (Umesp).

OS CAMINHOS DE JOSÉ

No dia 11 de abril de 1917 nasceu em Cafelândia, cidade do interior paulista, José Datrino, segundo filho do casal Paulo Datrino e Maria Pim. Juntamente com seus dez irmãos, José Datrino teve uma infância regada a muito trabalho, onde lidava diretamente com a terra e com os animais. Para ajudar a família, puxava carroça vendendo lenha nas proximidades. Desde cedo aprendeu a amar, respeitar e agradecer à natureza pela sua infinita bondade.

Segundo Leonardo Guelman, o campo ensinou também José a amansar burros para o transporte de carga. Tempos depois, Gentileza se dizia "amansador dos burros homens da cidade que não tinham esclarecimento".

Desde sua infância, José Datrino era possuidor de um comportamento atípico. Por volta dos doze anos de idade, passou a ter premonições sobre sua missão na terra, onde acreditava que um dia, depois de constituir família, filhos e bens, deixaria tudo em prol de sua missão. Este comportamento causou preocupação em seus pais, que chegaram a suspeitar que o filho sofria de algum tipo de loucura, chegando a buscar ajuda em curandeiros espíritas.

Aos vinte anos de idade, enquanto sua família passou a residir na cidade de Mirandópolis – também interior de São Paulo –, José Datrino deixou a terra natal sem avisar seus familiares e seguiu seu destino rumo ao Rio de Janeiro. Assim que soube do sumiço do filho, Paulo Datrino tentou seguir seus passos, indo parar em São Paulo, porém, sem êxito.

Baseado no histórico místico do filho, seus pais chegaram a pensar que ele teria sido levado por algum guia espiritual. Somente quatro anos depois, José Datrino, então residindo no Rio de Janeiro, entrou em contato com a família.

Casou-se com Emi Câmara, com quem teve cinco filhos. Começou um pequeno empreendimento na área de transportes, onde fazia fretes para o sustento da família. Aos poucos, o negócio foi crescendo até se tornar uma transportadora de cargas sediada no Centro da cidade.

José Datrino concretizava, assim, parte de suas premonições de criança. Possuía esposa, filhos e bens. Neste contexto, ocorreu a transformação em sua vida.

Segundo relatos de sua filha Maria Alice a Leonardo Guelman, certa noite viu seu pai atormentado dirigir-se ao quintal de sua casa, com o corpo todo coberto de lama, o que poderia ser um retorno às suas origens, libertando pássaros e galinhas, num ato de protesto em favor da liberdade.

A TRANSFORMAÇÃO ATRAVÉS DO CIRCO

Era tarde de muito calor na cidade de Niterói. No dia 17 de dezembro de 1961, aproximadamente 2.500 pessoas assistiam ao espetáculo do Gran Circus Norte-Americano. Ansiosas, enquanto aguardavam o último número do espetáculo, suas vidas foram cobertas por enormes chamas que tomaram conta do cenário. Por volta de quinhentas pessoas morreram, em sua maioria crianças. Esta foi uma das maiores tragédias circenses do mundo.

Segundo Ana Flávia Pires:

> "Este acontecimento comoveu toda uma nação e mobilizou a ajuda de várias partes do país e do mundo, instalando-se na memória coletiva de diferentes maneiras: pela dor da perda, pela comoção social, pelo mito do incêndio, pelo trauma coletivo, pelo desenvolvimento de técnicas de cirurgia plástica, pela fundação de um novo cemitério em São Gonçalo, enfim, por uma série de imagens que se inscrevem pela memória na história da cidade de Niterói".

Tal episódio também mudaria definitivamente a vida de José Datrino que, segundo suas próprias palavras, seis dias após o acontecimento, recebeu um chamado através de vozes astrais, e decidiu cumprir seu papel espiritual na Terra. Segundo ele, "deveria vir como São José, representar Jesus Nazaré na Terra, perdoar toda a humanidade, ensinar a perdoar uns aos outros, mostrar o caminho da verdade que é o Nosso Pai, e fazer o ensinamento de Jesus na Terra".

Assim como o santo, José Datrino respondeu à sua epifania e, a partir dessa data, deixou todos os seus bens materiais e mudou-se para as cinzas ainda ardentes do circo em Niterói. Ali, José Datrino incutiu nas pessoas o real sentido das palavras "Gentileza" e "Agradecido". Ele sugeria que as pessoas dissessem "por gentileza". Segundo ele, a expressão "por favor" remetia à guerra capitalista do toma lá, dá cá, à troca baseada no interesse. Da mesma forma, ele condenava a expressão "obrigado" como forma de agradecimento. Para ele, ninguém era obrigado a nada. Deveríamos, sim, calcar nossa existência no "amor", e não no "favor". Bastava dizer "agradecido".

Daí por diante, passou a ser chamado de José Agradecido, ou, simplesmente Profeta Gentileza.

Andanças do Profeta

Após o episódio do circo, o Profeta Gentileza fez daquele lugar trágico sua nova morada, e passou a consolar os corações daqueles que careciam de conforto material e espiritual. Lá abriu um poço de onde retirava água limpa, construiu um belo jardim florido e uma farta horta. O local onde um dia foi palco de tantas alegrias, mas também de muita tristeza, constituiu-se no "Paraíso Gentileza". Ali o Profeta Gentileza permaneceu durante quatro anos, quando o terreno passou a abrigar a Policlínica do Exército.

Após deixar o local do circo, Gentileza era visto com muita frequência fazendo suas pregações nas barcas que fazem a travessia Rio-Niterói, tornando-se conhecido como o "pregador da lancha". Aos poucos, foi tomando as ruas do Rio de Janeiro, espalhando palavras de amor, bondade e respeito pelo próximo e pela natureza a todos que cruzassem seu caminho. Sua missão era combater os males da humanidade – a incompreensão, o ódio, o desrespeito pela vida, a intolerância. Suas armas eram as palavras ditas, o sorriso na alma, as flores distribuídas e seu estandarte que acolhia palavras de sabedoria.

Apesar de nutrir uma longa barba, Gentileza condenava os padrões comportamentais daqueles que fizeram parte de uma geração de jovens contestadores. Para ele, o ser humano deveria estar sempre puro. De corpo e alma. Segundo Guelman, "Gentileza proclamou o amor espiritual, a honra e o fim dos vícios da humanidade".

Incompreendido por seus familiares e tido como louco por muitos, Gentileza chegou a ser internado várias vezes em clínicas psiquiátricas, de onde sempre fugiu, retornando às ruas para levar sua mensagem de paz. Certa ocasião em que se encontrava internado na Casa de Saúde Dr. Eiras, o próprio Dr. Eiras entregou à sua família um atestado de sanidade mental afirmando que o paciente José Datrino não era maluco, e sim diferente. Alegou que o mesmo era possuidor de uma sabedoria que nem todos conseguiam compreender. E isto não era motivo para mantê-lo internado.

Segundo relatos de enfermeiros e pacientes da clínica, todos ficavam ao redor do Profeta ouvindo suas palavras e sendo "curados" por ele. Assim, o Profeta voltava a circular nos mais diversos pontos da cidade do Rio de Janeiro, tornando-se um personagem conhecido por todos.

Sentindo necessidade de divulgar sua mensagem a um público maior, Gentileza alçou novos voos, partindo para cidades mais longínquas e interioranas do nosso país. Percorreu as regiões Sudeste, Nordeste, Centro-Oeste e Norte. Às vezes, permanecia por meses em determinadas cidades. Em outras, apenas alguns dias. Mas, em todas elas, deixou sua marca. A marca do Amor e da Gentileza. Nos fins da década de 1960, Gentileza retornou à cidade de Mirandópolis, reencontrou seus familiares e se apresentou como o Profeta Gentileza.

Em uma de suas andanças, estando na cidade de Aquidauana – hoje pertencente ao Estado do Mato Grosso do Sul –, o Profeta foi preso e humilhado, tendo seu cabelo cortado e seu estandarte quebrado. O motivo para tal atitude teria sido o fato de ele estar pregando sem uma Bíblia nas mãos, o que, para alguns, remetia ao desrespeito contra a fé cristã e até mesmo ao charlatanismo. Muitos jornais da época relataram esse episódio com tamanha indignação. Em Campo Grande, um dos jornais estampou a manchete: "Que mal fez este homem?" E, em resposta a essa pergunta que a muitos incomodava, Gentileza criou uma frase singular – "Quem é mais inteligente, o livro ou a sabedoria?" – frase esta que, posteriormente, no ano 2000, a cantora e compositora Marisa Monte inseriria em uma de suas gravações.

Muito se falava a seu respeito. Por uns era visto com respeito e admiração. Por outros, era tido como maluco, visionário, fanático e até mesmo comunis-

ta. Por várias vezes, ocupou lugar na mídia que o intitulava "Chacrinha da Calçada" ou "Profeta Tropicalista". Em suas peregrinações, Gentileza conviveu com muita gente e, em cada pedaço de chão percorrido, deixou saudade e plantou a semente da Gentileza. Deixou muitos amigos por onde andou. Com muitos manteve contato por longa data. Após o episódio em Aquidauana, Gentileza passou a colecionar várias cartas e documentos de pessoas que conheceu – entre elas, pessoas comuns, religiosos, políticos, artistas, diretores de escolas e hospitais –, a fim de atestar sua conduta e seu bom comportamento.

O Profeta Gentileza fez da estrada a sua morada. Nos lugares que visitou, hospedava-se em igrejas, instituições das mais diversas naturezas, casas de amigos e de tantas outras "pessoas de coração puro" que encontrava pelo caminho. Até mesmo as praças serviram de alojamento para esse Profeta Viajante. Porém, jamais aceitou dinheiro de alguém. Ao contrário, condenava as pessoas que faziam da sua fé um pretexto para extorquir algum tipo de benefício.

Outro lugar que muito marcou sua trajetória foi a histórica cidade mineira de Ouro Preto. Sua admiração por Tiradentes o levou várias vezes às terras das Gerais. Lá, Gentileza era visto com facilidade pelas ruas da cidade. Seu local predileto era o Monumento a Tiradentes, onde fez várias pregações. Seu respeito pelo mártir o fazia, todos os anos, participar das comemorações cívicas do dia 21 de Abril.

Em Ouro Preto, o Profeta fez também grandes amigos, entre eles, muitos estudantes universitários que, por diversas ocasiões, abriam as portas de suas repúblicas para recebê-lo. Foi por meio desse contato que chegou a mais uma transformação em sua vida. Por sugestão desses jovens, Gentileza passou a incorporar em sua indumentária a túnica branca e longa que definitivamente lhe conferia um caráter místico.

Sintonizado com os acontecimentos sociais, políticos e históricos, seu patriotismo era também demonstrado em suas aparições nos desfiles de 7 de Setembro e em outras comemorações cívicas e eventos de interesse nacional e internacional, como a "Eco 92", realizada no Rio de Janeiro (Segunda Conferência Mundial para o Meio Ambiente e Desenvolvimento, também conhecida como Rio-92, e que contou com a presença de representantes de mais de 178 países, para planejar maneiras de salvar o planeta, através da conservação dos ecossistemas). Durante esse evento, Gentileza posicionava-se em lugares estratégicos por onde passariam representantes das mais diversas nações, convidando-os a praticar a gentileza entre os povos.

GENTILEZA GERA GENTILEZA

Esse messiânico andarilho percorreu as ruas do Brasil durante 35 anos pregando a gentileza e suas virtudes. Aos que o chamavam de louco sempre respondia: "Sou maluco para te amar e louco para te salvar".

Assim como um messias, Gentileza surgiu como um "enviado de Deus" para condenar as injustiças do mundo, para denunciar a crise das relações éticas entre os homens e para propor uma alternativa de existência que é o Princípio de Gentileza.

E assim o Profeta Gentileza foi traçando sua história em cada rua, em cada esquina, em cada caminho que trilhava. Esse homem simples, de modos igualmente simples, fez uma nação acordar para os mais elementares princípios de humanidade. Seu mote maior era "Gentileza gera Gentileza". Nessas palavras, o Profeta sintetizava todo o seu ensinamento, pois, para ele, "Gentileza gera Paz e Amor".

A PLASTICIDADE DO PROFETA

As relações existentes entre o Profeta Gentileza e o circo se estabeleceram sob diversos prismas. Muitos ainda acreditam que o motivo que o levou a abandonar seus bens e profetizar pelo mundo foi o fato de ele ter perdido toda a sua família no incêndio. Uma vez enraizado no imaginário coletivo, torna-se difícil tarefa desmistificar essa relação. Mas, apesar das inverdades contidas nesta história folclorizada, o episódio do circo instaurou um novo sentido em sua vida. Gentileza "interpretou a queima do circo como uma metáfora da queima do mundo (...) pelo 'capeta-capital, que vende tudo, destrói tudo, destruindo a própria humanidade'".

Figura multifacetada, Gentileza concentrou uma multiplicidade de sentidos. Alegre, brasileiro, tropicalista, colorido, irreverente e criativo, o Profeta representava a personificação de um louco, um palhaço, um místico e tantos outros personagens que estão à margem de nossa sociedade.

Os elementos que compunham essa imagem eram vistos em seu estereótipo, sua indumentária e nos acessórios que o acompanhavam. Trazia sempre em mãos um estandarte em forma de painel. Além de flores, cataventos, uma folha de palmeira e a bandeira do Brasil, nele continham inscrições onde a tipografia era cuidadosamente desenhada, tornando-se mais uma de suas referências.

A simbologia desses elementos foi detalhada pelo próprio Gentileza, conforme relata Leonardo Guelman:

> "As flores é porque eu sou o jardim ambulante. Vocês são flor do meu jardim... (...) Depois de eu passar o visto no jardim, vocês vão ser os jardineiros. Do jeito que está, tá um jardim abandonado, tudo atrapalhado. Todo setor que não tem administração é avacalhação, bagunça. É o que está acontecendo: tem que ter ordem, amor. Agora, o catavento é para refrescar a mente da humanidade. Para que todo mundo ande com a mente fresca e positiva, com Deus, com Jesus. Para que todo mundo ande no caminho da luz. E a bandeira, a nossa bandeira brasileira, é a mais linda do universo. O verde são verdes campos, vida. O amarelo é a beleza, a natureza. O branco é a paz, a pureza, a liberdade. E o azul é o céu. Logo, nossa bandeira é a bandeira mais linda do Universo, porque traz a cor do Universo. E o Profeta é patriota até no pé. Nosso Brasil vai ser o país mais poderoso do mundo porque o Profeta Gentileza é patriota até no pé... toda bondade que vai crescer no mundo vai ser por intermédio do Rio de Janeiro, porque o Profeta Gentileza é brasileiro".

Ainda nas palavras de Guelman, "o estandarte de Gentileza constitui sua verdadeira carteira de identidade mítica. É através dela que Gentileza se apresenta ao mundo como Profeta".

Sua veste, uma túnica de branco puríssimo, também era repleta de apliques contendo a palavra "Gentileza", uma rosa representando o amor, uma estrela remetendo ao signo do Profeta e da revelação e a imagem da Sagrada Família.

Todo esse conjunto era protegido pelas palavras "Gentileza é recordação, não é adoração" e a palavra "Amor". Também existiam outros três apliques com as seguintes frases: "Não usem problemas, use Amor e Gentileza", "Gentileza é o remédio de todos os males da humanidade" e "Gentileza – Amor – Beleza – Perfeição – Bondade – Natureza". Até mesmo seus sapatos eram repletos de simbologia divina estampadas nas cores do Brasil.

Um livro a céu aberto

A partir dos anos 1980, Gentileza fez uma grande intervenção na paisagem urbana do Rio de Janeiro. O suporte escolhido foram as pilastras do viaduto que vai do Cemitério do Caju até a Rodoviária Novo Rio, numa extensão de aproximadamente 1,5 km. O que o levou a escolher esse local foi exatamente por reconhecer na rodoviária o portal de entrada para a Cidade Maravilhosa, além de possuir grande fluxo de pessoas que transitam pela cidade. Esse cenário, considerado o maior mural espontâneo do Rio, constitui um livro aberto, sem camuflagens e ao alcance de todos.

De acordo com Guelman,

> "A obra de Gentileza demarca um espaço e uma permanência – mesmo que ameaçada – para sua mensagem. Desta feita, o Profeta não pinta mais sobre placas, mas diretamente sobre a superfície do concreto. Sua grafia e seus signos, já presentes em seu estandarte e em placas que realizava, se inscrevem agora na própria cidade, transformando pilastras em tábuas de seus ensinamentos".

Ao todo, foram pintadas 55 pilastras com um valor estético reconhecido por todos que ali passavam através de seu rigor técnico, acuidade na composição e uso das cores brasileiras. Seus traços eram característicos e uniformes, conferindo à palavra escrita toda a força de seus pensamentos.

Gentileza inaugurou uma forma singular em sua escrita, que seria mais uma de suas marcas. Ao acrescentar letras às palavras, explicava: "Enquanto o amor material se escreve com um R, o amorrr universal se escreve com três. Um R do Pai, um R do Filho e um R do Espírito Santo – Amorrr". Através da simbologia religiosa, Gentileza criou novos signos. Essa relação com a Trindade está presente até em seu próprio nome – José Datrino – que, em italiano, significa de três, enviado pelo Trino.

Algumas de suas pilastras impressionam pelo cunho atual com que são abordados seus escritos. Mesmo antes do fanatismo e da intolerância tão presentes e intensos em nossos dias, Gentileza já dava seu sinal de alerta.

Gentileza fez desse espaço o grande porta-voz de suas mensagens de paz e também de repúdio ao capitalismo, que era ironicamente chamado por ele de "capetalismo", um dos maiores males da humanidade.

A partir de 1993, já com a saúde bastante debilitada e em função de uma queda que lhe fraturou a perna, Gentileza não possuía as mesmas condições físicas para circular pela cidade. Sua voz se fazia ouvir através das recordações e das Pilastras do Caju. No início do ano 1996, resolveu voltar à cidade de Mirandópolis. No dia 29 de maio de 1996, aos 79 anos de idade, morreu o Profeta Gentileza.

NAS PEGADAS DO PROFETA

Pelas terras por onde andou, o Profeta instaurou o Princípio de Gentileza. Onde encontrou solo fértil, plantou sua semente do amor. Onde encontrou terreno arenoso, procurou adubá-lo com sua serenidade. As pessoas que tiveram a sabedoria e a sensibilidade de compreender esse universo trazem consigo a responsabilidade de fazer ecoar a sua voz. Porém, nem todos possuem esta sensibilidade.

"Apagaram tudo
Pintaram tudo de cinza
A palavra no muro
Ficou coberta de tinta
Apagaram tudo
Pintaram tudo de cinza
Só ficou no muro
Tristeza e tinta fresca"

Essas palavras, eternizadas na canção de Marisa Monte, mostram a indignação por parte de toda uma cidade com um ato impensado dos poderes públicos. Em 1997, a Companhia de Limpeza Urbana do Rio de Janeiro, com poucas referências para distinguir a arte da sujeira, a pichação do grafismo, jogou cal sobre as escrituras do Profeta. A arte de Gentileza, que outrora dialogava com a cidade, ficou adormecida e coberta de tinta.

Não fosse o empenho do professor Leonardo Guelman, talvez a voz do Profeta ainda continuasse abafada, murmurando em silêncio debaixo do viaduto. Guelman coordenou um trabalho de recuperação das pilastras, denominado "Projeto Rio com Gentileza", em que contou com a participação da Universidade Federal Fluminense, da Secretaria de Cultura do Rio e do Consórcio Novo Rio.

Os trabalhos foram concluídos no ano 2000. Esse movimento gerou dois CDs, em 1997, o Universo Gentileza *e, em 2000,* Brasil: Tempo de Gentileza. *Segundo Guelman, "o contato com Gentileza foi um aprendizado, é um pedaço da minha vida e continua vivo... Ter contato com ele e com a gentileza é uma dimensão ética e existencial".*

Na ocasião do lançamento do livro Brasil: Tempo de Gentileza, *Leonardo Guelman foi até Mirandópolis – onde foi sepultado o Profeta – e despertou o interesse de alguns moradores para se mobilizarem em homenagem ao Profeta. Entre eles, o sobrinho de Gentileza, Sérgio Datrino, Luiz André de Amorim Ribeiro e Jânio Alfredo Alves de Souza, o Fred.*

Surgiu aí o movimento "Gentileza gera Gentileza", uma ONG sociocultural com o objetivo primordial de divulgar e perpetuar a palavra do Profeta através da democratização da cultura. Por ser uma cidade de pequeno porte e sem opções culturais onde todos possam participar, a ONG desenvolve projetos voltados para a cultura, o lazer, o desenvolvimento do espírito fraterno, a conscientização ambiental, etc.

Entre tantas outras pessoas que tiveram na figura do Profeta um motivo e um incentivo para se integrarem ao Universo Gentileza, encontramos o cineasta Dado Amaral. O mito do Profeta se fez presente em sua vida quando, passando pelo viaduto, tentou decifrar os enigmas daquelas palavras estampadas na atmosfera da cidade.

Segundo Dado, aquelas inscrições não foram colocadas a esmo, foram pensadas, estruturadas, possuíam a mesma estética, as mesmas cores. E as indagações continuaram por muito tempo sem encontrar respostas. Seu primeiro contato com o Profeta deu-se anos depois, durante o impeachment *do presidente Collor, quando viu a figura angelical de um profeta nas escadarias da Biblioteca Nacional. Sua aproximação com Gentileza nutriu ainda mais a vontade e a necessidade de registrar sua obra.*

Tal obstinação resultou em dois trabalhos repletos de beleza e sensibilidade. O primeiro é um vídeo de 9 minutos e o segundo, um curta-metragem de 14 minutos. Este, somente produzido depois de seu falecimento. Segundo Dado, assim como o Profeta, sua missão também consiste numa trilogia: já produzidos um filme e um curta, ainda resta produzir um longa-metragem sobre Gentileza. "Isto é o que me move. É uma motivação para estar vivo... quero dedicar minha vida a ele por um bom tempo", conclui Dado Amaral.

Gentileza também foi a inspiração de outros artistas. Entre eles, Gonzaguinha, Marisa Monte e Milton Nascimento. Também foi homenageado por Joãozinho Trinta, com o enredo Gentileza × O Profeta do Fogo, *através da G.R.E.S. Acadêmicos do Grande Rio.*

Praças também receberam seu nome. No Nordeste brasileiro, Gentileza foi parar nas páginas dos livretos de Cordel, pelos versos de Klévisson Viana: "Gentileza – o Profeta da Brasilidade".

Em 27 de novembro de 2000, o então prefeito do Rio de Janeiro Luiz Paulo Fernandes Conde assinou o Decreto nº 19.188, determinando o tombamento das 55 pilastras do Caju.

Assim como muitos dos multiplicadores do Universo Gentileza, a voz do Profeta ainda ecoa num chamado à sua causa. Viver com gentileza é proporcionar a paz interior e universal, sustentáculos para um mundo melhor.

Capítulo 7

Inteligência afetiva

Até agora, muito falamos sobre tolerância e uma nova postura diante das intempéries da vida. Contudo, a gentileza abraça ainda a questão da ética, quesito fundamental e absolutamente precioso nas relações em geral, mas especialmente no universo corporativo, onde posições e salários podem corromper pessoas cujos valores não estejam bem estabelecidos. E, definitivamente, não pode existir quem seja gentil mas não seja ético ou afetuoso. Não pode existir quem seja gentil sem ser afetivamente inteligente.

Muito já se tratou da Inteligência Emocional, felizmente, mas não antes de levar à exaustão a valorização do QI – Quoeficiente de Inteligência. Tudo isso porque vivemos num tempo em que a capacidade de pensar foi entendida como a máxima da competência humana. Desde que o filósofo francês Descartes ditou, no século XVII, a tão difundida e venerada ideia de que "Penso, logo existo", muitas coisas estranhas têm acontecido no que diz respeito a este assunto.

De fato, passamos a pensar mais e mais e a considerar que quanto mais alguém pensa, mais esse alguém vive e, consequentemente, melhor esse alguém se torna. Ainda que haja muitos benefícios no ato de pensar e muita verdade quando se diz que pensar é uma boa maneira de fazer o ser humano evoluir, creio que temos nos equivocado profundamente sobre a medida desse exercício! Temos lesionado nossas vidas pelo excesso de pensamentos. Basta observar para perceber: durante os últimos séculos e, especialmente, as últimas décadas, temos pensado cada vez mais, temos tido acesso a um número cada vez maior de informações; nunca estivemos tão expostos à tecnologia e ao avanço de diversas áreas técnicas. No entanto, que estranho... temos existido, genuína e essencialmente, cada vez menos.

Falo da existência plena, de estar conectado com o presente, vivendo o que está acontecendo agora. Falo de se dar conta das sensações que podem ser experimentadas neste momento, de conseguir enxergar verdadeiramente tanto a si mesmo quanto ao outro. Falo de uma existência que só é possível quando a gente deixa aflorar algo que está muito além do exercício desenfreado do pensamento. Falo de sentir, de agir, de ser. E, felizmente, a sabedoria popular também ditou: "Quem muito pensa, pouco faz!" Nesse ditado, sim, eu apostaria neste momento de nossa história.

Quantas vezes deixamos de dar uma ideia ao chefe porque entramos num redemoinho de pensamentos que gritam em nossa mente: "Será que ele vai me ouvir?", "Será que é mesmo uma boa ideia?", "Será que não vão se aproveitar da minha criatividade?" Ou, ainda, quantas vezes deixamos de viver um amor porque mergulhamos em pensamentos do tipo: "E se eu não for correspondido?", "Será que é a pessoa certa?", "E se eu me der mal?" Talvez você se identifique mais com algo assim: há tempos você se planeja para começar a frequentar a academia, mas seus pensamentos paralisam, repetindo sorrateiramente: "Melhor deixar para o mês que vem que terei mais dinheiro disponível", "Já me sobra tão pouco tempo, que a academia só complicaria mais minha vida", "Poxa, ir sozinha não tem graça!"... e por aí vai!

E o pior de tudo é quando pensar não o deixa dormir. Você se deita sentindo-se exausto, mas lá estão os seus pensamentos mais acordados do que nunca, perturbando seu sono, roubando sua tranquilidade e fazendo com que você se transforme num pastel, virando de um lado para o outro durante horas. E bastaria que consultássemos as estatísticas de pessoas que sofrem de insônia nos últimos anos para termos certeza absoluta de que algum monstro tem assombrado os seres pensantes quando se deparam com o silêncio ou, em última instância, consigo mesmos.

Note também como você abandona seus planos e termina não realizando tantos sonhos, simplesmente porque se deixa dominar pelo excesso de pensamentos inúteis. Observe como sua mente tenta prever o futuro para convencê-lo de que é melhor desistir, não arriscar, ou ainda não se precipitar e "meter os pés pelas mãos". E se isso faz sentido para você, preste atenção: é bem provável que você também tenha se tornado um autêntico cabeção. Sua mente deve estar parecendo mais um hospício do que um templo, quando deveria ser justamente o contrário: muito mais silêncio e muito mais foco do que desculpas, nada mais que um emaranhado de pensamentos desordenados e, muitas vezes, sem fundamento. Pura preocupação. Pura ansiedade. Pura falta de inteligência afetiva!

Famílias, comunidades, empresas e países precisaram (e, por vezes, ainda precisam) sofrer prejuízos incalculáveis até se darem conta da indiscutível necessidade de se investir no afeto a fim de alcançar o equilíbrio e, aí sim, o máximo potencial das pessoas. Mas ainda temos um longo caminho a percorrer até atingirmos o ponto ideal da inteligência afetiva e da compreensão do poder da gentileza. Chamei uma das palestras que ministro de "Inteligência Afetiva" justamente para tratar do quanto é fundamental, inteligente e produtivo começarmos a investir em atitudes, comportamentos, comunicação e objetivos baseados no afeto consciente, de preferência por todas as pessoas, inclusive por aquelas sobre quem bem pouco ou nada sabemos.

E se você ainda tem alguma dúvida sobre por que deveria sentir afeto por quem nem bem conhece, talvez pudesse encontrar a resposta se perguntando justamente o oposto: por que você deveria não gostar de alguém que você nem conhece? Por que não dar uma *chance* às pessoas?

Bob Farrell, dono de cadeia de restaurantes, um dos maiores especialistas em atendimento do mundo, palestrante motivador e criador de diversas fórmulas de como atender e vender mais, ensina como receita de sucesso garantido: "Sorria! Simplesmente sorria e diga 'eu gosto de você!' e suas vendas aumentarão consideravelmente. E você vai adorar fazer o seu trabalho!" Pois muito bem, então, além de ser muito gentil, mais gentil do que a maioria das pessoas é, você vai ter sucesso e ser feliz! O que mais precisa para se convencer de que gostar das pessoas é um ótimo negócio? Também posso citar a sábia frase de Jean Jacques Rousseau, filósofo e escritor suíço, que responde a boa parte dessa questão:

Se é a razão que faz o homem, é o sentimento que o conduz.

Acredito demais nessa ideia. Sim, é o sentimento que nos conduz sempre! Por mais racionais que nos consideremos, por mais pensantes que sejamos, no final das contas, consciente ou inconscientemente, é o sentimento que nos leva a fazer ou deixar de fazer algo. Portanto, se é o sentimento que nos conduz, precisamos nutrir, tanto quanto possível, uma porção generosa de nossos melhores sentimentos para que possamos ser conduzidos a algum lugar que realmente valha a pena! E possamos, desse modo, levar uma vida que realmente seja coerente com o desejo de nos sentir bem e felizes. Além disso, aposto sem medo de errar que aprendermos a expressar a nossa afetividade pode fazer toda a diferença em nossa vida. Seja no ambiente de trabalho, em casa, seja nos relacionamentos amorosos, o afeto é a chave para ativar o coração e as boas intenções de uma pessoa.

E tem mais: sem o mínimo de inteligência afetiva, não há gentileza; e sem gentileza, não seremos conduzidos a lugar algum onde possamos nos sentir, de fato, satisfeitos. Tanto isso é verdade que estamos todos fartos de carrancas, mau humor e pessoas que não sabem se comportar de maneira gentil. Cada vez mais, sobressaem-se aqueles que reconhecem a importância de um sorriso, uma dose extra de paciência, uma amizade desinteressada, enfim, aqueles que sabem levar a vida com leveza, tornando o ambiente mais agradável à sua volta. É claro que, vezes ou outras, todos nós temos problemas, preocupações e nem sempre nos sentimos dispostos a exercitar nossa gentileza. Entretanto, se estivermos realmente comprometidos com a afetividade inteligente, em momentos como esses receberemos o afeto de que tanto necessitamos. Lembra da dica "dê um crédito"? Pois é... esta é a hora! Por último, sugiro que reflita sobre esta frase, cuja autoria infelizmente desconheço:

> *As pessoas poderão esquecer o que você disse e o que você fez, mas jamais esquecerão o modo como você as tratou.*

Eu sou assim. Você é assim. Não é à toa que o ditado "pimenta nos olhos dos outros é refresco" faz tanto sentido! Esquecemo-nos muito mais facilmente das vezes em que batemos do que das vezes em que apanhamos. Esquecemo-nos muito mais rapidamente das vezes em que maltratamos e ofendemos uma pessoa do que das vezes em que somos maltratados e ofendidos. E por mais que, lamentavelmente, tendamos a reforçar o negativo e a nos lembrar do que aconteceu de ruim e das pessoas que nos subjugaram, é fato: quando alguém nos dá a mão num momento de dificuldade, quando estamos nos sentindo fragilizados e sozinhos, dificilmente esqueceremos. Feliz daquele que nutre uma eterna gratidão por quem o trata de modo afetuoso, porque é de reconhecimento, valorização e reciprocidade que se faz perdurar o que é bom!

Portanto, pouco importa o papel que você desempenha profissionalmente ou onde você mora. Pouco importa se você é chefe, subordinado, profissional liberal, casado, solteiro, pai, mãe ou filho; tampouco se você está numa festa, em casa, no trabalho ou na rua. Não são quesitos como posição hierárquica ou conta bancária que determinam o quanto você pode ser afetivamente inteligente, emocionalmente equilibrado e notavelmente gentil. O que o habilita e faz toda a diferença em sua vida e em seus resultados – pode apostar! – é a maneira como você enxerga a vida e as pessoas. É o modo carinhoso e gentil com que você trata cada uma que fizer parte de cada momento vivido.

Mas, infelizmente, temos nos deixado anestesiar pela rotina e pelo medo de parecer sentimental demais. Temos bloqueado nossa capacidade de expressar sentimentos brandos e profundos, simplesmente para sustentar a falsa sensação de que estamos seguros e protegidos. De que somos fortes, superiores e éticos! É verdade! Por mais maluco que pareça, ainda confundimos frieza e distanciamento emocional com ética! Acreditamos, ingenuamente, que, quanto mais sérios e sisudos nos mantivermos, mais crédito teremos diante de clientes, chefes e colegas de trabalho. Até diante de nossos filhos ou pares, quantas vezes acreditamos que, se formos duros, bravos e até agressivos, conseguiremos mais respeito? Que bobagem!!!

Nas grandes empresas e também nos relacionamentos entre pais e filhos e casais, o maior problema ainda é, sem dúvida, a falta de comunicação ou a comunicação equivocada, distorcida, parcial. A comunicação eficiente se baseia fundamentalmente na capacidade de nos colocar no lugar do outro, de procurar compreender o mundo e os desejos dele, que certamente são diferentes dos nossos, pois somos ímpares e absolutamente exclusivos enquanto jeito de ser e de viver.

A comunicação que gera resultados satisfatórios é aquela em que o afeto é a base. Vou falar mais sobre isso adiante; por agora, basta que saibamos que sem afeto ninguém se predispõe a solucionar problemas ou praticar a tão esperada compaixão, que é justamente colocar-se no lugar do outro para tentar compreendê-lo.

As pessoas só se empenham pelo bem quando estão motivadas pelo afeto; e quando se defendem deste sentimento, terminam desistindo de criar um ambiente produtivo no que se refere aos relacionamentos em geral. Relacionar-se de modo afetuoso e gentil com as pessoas faz com que sua vida ganhe um novo sentido, um novo valor. E, sobretudo, é o afeto que você sente e demonstra que conduzirá às melhores oportunidades para seu sucesso pessoal e profissional e, sobretudo, para sua autorrealização.

NÚMEROS MOSTRAM OS DESASTRES DIANTE DA FALTA DE AFETO

Jean Piaget, psicólogo e filósofo suíço (1896-1980), até hoje influencia as práticas pedagógicas a partir de seu entendimento sobre a importância do afeto. Uma de suas afirmações de que mais gosto é esta:

> *É incontestável que o afeto desempenha um papel essencial no funcionamento da inteligência. Sem afeto não haveria interesse, nem necessidade, nem motivação; e, consequentemente, perguntas ou problemas nunca seriam colocados e não haveria inteligência. A afetividade é uma condição necessária na constituição da inteligência.*

Mas, infelizmente, muito infelizmente mesmo, temos desacreditado nessa verdade. Insistimos em considerar as cifras, os bens materiais, as aparências, a beleza exterior, entre outros aspectos efêmeros das pessoas, em detrimento do que nos é essencial. E essa crença sempre me faz lembrar da música *Testamento*, cantada pelo grande Vinícius de Moraes, e composta juntamente com Toquinho:

> *... Pois é, amigo, como se dizia antigamente, o buraco é mais embaixo... E você, com todo o seu baú, vai ficar por lá na mais total solidão, pensando à beça que não levou nada do que juntou: só seu terno de cerimônia. Que fossa, hein, meu chapa, que fossa...*

E por mais que saibamos sobre o que realmente importa, temos medo de admiti-lo, temos receio de parecermos tolos e frágeis ao nos comportarmos de maneira afetuosa com as pessoas. Ainda apostamos na agressão verbal ou física para provar nossa força e nosso poder. Ainda alimentamos a necessidade infantil de respondermos às provocações, de revidarmos os insultos e de nos fecharmos, feitos ostras em conchas, acreditando estarmos protegidos das dores que possam nos causar. Diante desses lamentáveis fatos, a Organização Mundial da Saúde (OMS) tem apresentado dados alarmantes no que se refere à nossa saúde emocional. Cada vez mais, de forma impiedosa, os distúrbios afetivos têm atingido assustadoramente as nossas casas.

E não é difícil acreditarmos nas estimativas. Basta começarmos a nos interessar mais sincera e profundamente pelas pessoas e descobriremos, impressionados, quantos familiares, amigos e conhecidos tomam (ou já tomaram) medicamentos antidepressivos, ansiolíticos e relaxantes. Quantos têm enorme dificuldade para dormir, já surtaram por estafa, estresse e excesso de tristeza. Quantos se sentem dolorosamente sós. Doenças outrora consideradas raras, causadas por traumas horríveis ou circunstâncias extremas de violência e abandono, hoje rondam os nossos próprios travesseiros. Síndrome do pânico, transtorno obsessivo-compulsivo, transtorno bipolar e de personalidade, esquizofrenia, psicopatia, psicose, neurose, depressão, ansiedade, insônia, entre tantos outros nomes esquisitérrimos amedrontam nossas mentes, e fazem tanto estrago ao nosso coração e à nossa alma.

A falta de afeto e de gentileza tem nos causado uma sensação absurda de solidão e parece que, em vez de nos aproximarmos e pedirmos carinhosamente um pouco mais de paciência; em vez de humildemente tolerarmos uma síncope alheia; em vez de acolhermos humanamente um coração surtado... tudo o que temos conseguido fazer é agredir mais, fugir mais, evitar mais, defendermo-nos mais! E assim fica fácil entender os números desastrosos, as expectativas trágicas. Veja bem, cerca de 400 milhões de pessoas no mundo sofrem de distúrbios afetivos, desses que citei anteriormente. E a OMS estima que 20% da população mundial sofrerá pelo menos um desses transtornos afetivos ao longo da vida. Sabe o que é isso? Você tem noção do que significam 1,4 bilhão de pessoas sofrendo de depressão, ansiedade, TOC, pânico, entre outros transtornos que poderiam ser evitados com um pouco mais de afeto e gentileza, em todos os ambientes, em todos os sentidos, em todas as relações?

E não é só isso, não. O estrago que temos causado tem dimensões de guerras. E não estou falando de Iraque e EUA, nem de tragédias causadas pelo desequilíbrio da natureza (também resultado de nossa falta de gentileza e afeto com a mãe Terra), como a que devastou o Haiti, ou, em menores proporções, a periferia de grandes cidades como São Paulo, Rio de Janeiro, etc. Estou falando de guerras particulares, declaradas em departamentos de empresas, entre equipes de multinacionais, entre casais, entre irmãos, entre presidentes, e por aí vai. Daí aponta a OMS outras estimativas que deveriam nos desesperar, que deveriam servir para nos acordar!

Quer saber? Em 2020, daqui a dez anos, a depressão será a segunda causa de improdutividade das pessoas, seguida apenas das doenças cardiovasculares, o que acarretará prejuízos incalculáveis às empresas, à economia e, principalmente, às relações humanas.

E aí eu me pergunto: será mesmo que tais prejuízos só acontecerão em 2020?!? Estamos em 2010 e o que sei é que já tive um início de depressão e tive de ser medicada com antidepressivo por seis meses, que já perdi um amigo que se suicidou por conta da esquizofrenia, que tenho outro amigo de infância que é bipolar, que uma de minhas melhores amigas toma ansiolítico diariamente, que algumas pessoas de minha própria família sofrem de uma tristeza profunda. Será que só eu sei disso? Será que com você, seus amigos e familiares, nada disso acontece? Espero que você não seja inocente a ponto de acreditar que está imune, que essas coisas só acontecem com os outros, nas outras famílias, com aqueles que não sabem lidar com suas dores. Não é bem assim, tenho certeza! Somos todos um, é nisso que acredito! Não ficamos impunes pela maldade alheia, não estamos protegidos contra a tristeza que assola a casa ao lado. A minha dor é a sua dor e a sua dor é a minha dor!

Também em 2020, a OMS diz que o suicídio será a quarta causa de mortes no mundo. Gente, aonde vamos parar? Ou será que quem é bem tratado, quem vive com gentileza e afeto, também se mata? Por tudo o que sei, aposto que não! Quem se mata é porque não consegue enxergar saída melhor, porque está tomado pelo medo, pelo desespero ou pela indiferença e apatia. Posso apostar que onde existe gentileza e afeto existe vida, alegria, vontade de aproveitar cada beleza que este mundo nos oferece! Sim, porque quem aprendeu a viver de modo afetivo sabe reconhecer quanta coisa boa existe para ser experimentada.

Cabe a cada um de nós tentar fazer a nossa parte! Tentarmos agir como gente grande, com toda a nossa luz interior, e não como garotos bobos e egoístas, defendidos e distraídos. Garotos que dormem. Tentarmos parar de perder tempo com tantos truques contra a emoção, como na música *Garotos*, de Leoni e Paula Toller:

... Garotos perdem tempo pensando
Em brinquedos e proteção
Romance de estação
Desejo sem paixão
Qualquer truque contra a emoção...

Porque, se não fizermos nada a respeito, um a um, se não tentarmos agir de modo gentil particularmente, sem esperar que o outro comece, se não perdoarmos os erros das pessoas hoje, agora, infelizmente iremos sofrer mais e mais com esses tais prejuízos incalculáveis a que se refere a Organização Mundial da Saúde, mas não somente em 2020! E se os números apontam a improdutividade ou a morte das pessoas acometidas pelos distúrbios, não sejamos tolos de acreditar que somente eles estarão sofrendo. Também nós, ao redor deles, seja em casa, no ambiente de trabalho, seja na sociedade em que vivemos, sofreremos juntos! Ou você acha que não terá nada a ver com o fato de seu chefe estar deprimido? Ou você acha que sua vida não será tocada caso seu filho ou sua mulher ou seu pai estiver murchando de tristeza e apatia?

Convenhamos: está mais do que na hora de saber que a dor de um é, inexoravelmente, a dor de muitos!

INTELIGÊNCIA AFETIVA OU INTERMINÁVEIS DIAS DE DOR

Tem gente que alimenta a crença, equivocadamente, de que basta uma agenda telefônica grande e completa, convites diários para festas e presença constante em baladas para que a tristeza passe bem longe de si. Outros ainda apostam que bastaria encontrar alguém, um amor, conseguir casar e ter filhos para que, enfim, se livrassem dessa danada de uma vez por todas! Acontece que não importa se você está solteiro ou casado. Não importa se tem muitos ou poucos amigos, tampouco se é introvertido ou extrovertido. A solidão não tem a ver com convites para festas e baladas, ou a ausência deles.

O velho e bom carteiro continua passando todos os dias. Temos telefone, fax e computador. Dentro dele, os *e-mails*, as salas de bate-papo, os *sites* de encontros, o *orkut*, o *gazzag*, o *multiply* e o *msn*. Temos também *blogs*, *fotologs* e *skype*. Por fim, temos *twitter* e mantemos contato com celebridades como nunca imaginamos. Instalamos câmara, microfone e colecionamos uma lista interminável de amigos (alguns que a gente nem sabe quem são... mas vale mantê-los porque nos dão a sensação de "estar junto"). Estranho... muito estranho! Justamente num tempo em que o mundo está cada vez mais globalizado, em que as facilidades para os encontros são inúmeras e de diversas formas, que muitos de nós estamos, cada um no seu grau, sofrendo desta terrível sensação de abandono.

A carência parece nos consumir em desejos que inexplicavelmente não se realizam e numa saudade que a gente nem sabe de quê, de onde ou de quem. Buscamos o outro sem encontrá-lo, ainda que vivamos um sem-número de relações. Esse outro, tão esperado, parece nunca chegar. Passamos, então, a nos questionar se ele realmente existe. Qualquer coisa para tentar aplacar esse eco interior, para preencher o abismo que insiste em nos separar de alguém que já fomos um dia ou – pior! – que gostaríamos de ser, mas não sabemos como construir, enfim, a ponte.

Creio que esteja aí o grande segredo, o primeiro passo. Precisamos construir a ponte que nos leve de volta para casa, de volta para nossa capacidade afetiva, para o poder que temos de ser gentis e amáveis. Mas estamos sempre do lado de fora, procurando um culpado, apontando o responsável, desejando o que não temos, chorando pelo que perdemos, sempre do lado de fora. Basta uma decepção e lá estamos nós, reclamando do que o outro fez ou deixou de fazer, do que ele disse ou deixou de dizer. Basta um desentendimento com quem está ao nosso lado para imediatamente encontrarmos todas as justificativas para o modo lamentável como temos nos sentido... e bláblábl á!

Não temos a ponte, a bendita ponte. Caramba! Nem tentamos construí-la. Simplesmente nos acomodamos com a fugacidade e a ilusão dos encontros sem laços e não nos damos conta de que o encontro mais importante

– aquele cara a cara com a gente mesma – não acontece há anos, há muito, muito tempo! Desastroso? Certamente! Mas as soluções existem, eu tenho certeza! Você pode encontrar a sua. Eu posso encontrar a minha. Só que, definitivamente, elas estão do lado de dentro e não de fora!!! Elas estão na percepção de que temos confundido liberdade e amor-próprio com egoísmo e individualismo; de que falta nos responsabilizarmos, falta parar com essa mania irritante de acreditar que o outro é o causador de todos os nossos problemas.

E, assim, quando finalmente começarmos a olhar para tudo o que nos acontece com um pouco mais de propriedade, estou certa de que a solidão diminuirá consideravelmente. Porque permitiremos a aproximação do outro sem tantas ressalvas e compreenderemos que sem ele não somos ninguém, nossa existência perde qualquer sentido. Não faz *link*, não tem significado nem importância. Sugiro, portanto, que você ao menos tente. Decida ser afetuoso e gentil com o máximo de pessoas que conseguir e, especialmente, com aquelas que lhe parecer mais difícil, por um ano. Um ano de sua vida é quase nada... o que custa? Faça um teste; se dê uma *chance*. E, se nada mudar, se nada melhorar, então me escreva, por favor... porque estou realmente convencida de que o afeto e a gentileza são partes fundamentais da minha e da sua felicidade, e, mais do que isso, da paz mundial.

Capítulo 8

Gentileza e comunicação

Pessoas gentis criam laços, interagem, trocam com o outro. E sabem que, para tanto, dominar a arte da comunicação é fundamental. Sendo essa uma verdade, não dá para se tornar uma pessoa gentil se você não souber se expressar e se comunicar com gentileza. Lembra-se de que eu disse, lá no primeiro capítulo, sobre o fato de que ser gentil é muito mais do que ser educado? Aí é que está: uma pessoa muito bem-educada conhece todas as regras de etiqueta e se comporta feito um *gentleman*, porém, não necessariamente sabe falar com o coração; acontece que é justamente a força invisível e mágica do coração que cria os laços, tão indispensáveis para nossa saúde emocional, tão peculiar da pessoa gentil.

E tem mais! Como muito bem repetiu sua vida toda nossa saudoso e sábio Chacrinha, "quem não se comunica se trumbica!" E tem que se comunicar direito, com qualidade. Portanto, para se expressar com gentileza, você terá de se conectar, antes de mais nada, com o que há de mais genuíno em você, inevitavelmente. Terá de deixar aflorar toda a sua doçura. E se isso, num primeiro momento, lhe parecer simples demais, não se iluda. Depois de tanto tempo ouvindo dizer que "é mais forte quem sabe mentir", como cantou reflexivamente Renato Russo, você talvez se surpreenda ao descobrir que mentir não significa somente contar inverdades, inventar histórias. Mentir também significa não demonstrar o que você está sentindo de verdade. Mentir também significa se fazer de forte quando o que mais queria era chorar e pedir ajuda... E, daí, você também vai se surpreender ao descobrir que ser afetuoso e gentil pode ser uma das tarefas mais assustadoras de sua vida! E só insisto nisso porque os resultados são ainda mais maravilhosamente surpreendentes!

Então, o convite é para que você deixe aflorar toda a sua doçura! Costumamos acreditar que ser doce é simplesmente ser sincero, não enganar os outros, ter boas intenções; mas é bem mais do que isso, embora tais atitudes já sejam bastante louváveis.

Ser doce é ter coragem de se expor, de demonstrar fragilidade, de chorar, de falar do que a gente sente... Ser doce é desnudar a alma, é deixar cair as máscaras, baixar as armas, destruir os imensos e grossos muros que nos empenhamos tanto para levantar.

Ser doce é permitir que nossos desejos se mostrem, mas sem tentar impô-los. Ser doce é falar de nossas dúvidas, é deixar que nossa humanidade transpareça! Mas, infelizmente, quase sempre, a maioria de nós decide não correr esse risco. Preferimos a dureza da razão à leveza que exporia nossos mais verdadeiros sentimentos; preferimos, muitas vezes, transformá-los em agressividade simplesmente para nos defender e não ter de admitir que estamos feridos, magoados, tristes. Preferimos o nó na garganta a liberar as lágrimas que brotam do mais profundo de nosso ser... Preferimos nos perder numa busca insana por respostas imediatas a simplesmente nos entregar e confessar que não sabemos, que temos medo!

Por mais doloroso que seja ter de construir uma máscara que nos distancia cada vez mais de quem realmente somos, preferimos assim: manter uma imagem que nos dê a sensação de proteção. E, assim, vamos nos afogando mais e mais em falsas palavras, em falsas atitudes, em falsos sentimentos... Não porque sejamos pessoas mentirosas, mas apenas porque nos perdemos de nós mesmos e já não sabemos onde está nossa brandura, nossa gentileza, nossa doçura. E, com o passar dos anos, um vazio frio e escuro nos faz perceber que já não sabemos dar e nem pedir o que de mais precioso temos a compartilhar: a compreensão de que todos nós, de vez em quando, nos sentimos sós e choramos baixinho antes de dormir, num silêncio que nos remete a uma saudade desesperada de nós mesmos... daquilo que ainda pulsa e grita dentro de nós, mas que não temos coragem de mostrar nem àqueles que mais amamos!

Porque, infelizmente, aprendemos que é melhor revidar, descontar, agredir, acusar, criticar e julgar do que simplesmente pedir: "Você está me machucando... pode parar, por favor?" Porque acreditamos que tal pedido seria um ato de fraqueza, tolice; que serviria apenas para nos fazer sentir "menos" do que o outro. Quando, na verdade, se agíssemos com o coração, poderíamos evitar tanta dor, tanta dor... Sugiro que comecemos a nos comunicar com mais doçura! Que consigamos não prender tanto o choro, não conter a gargalhada audaz, não esconder tanto o medo; que não desejemos parecer tão invencíveis... e apenas sejamos inteiros!

Que consigamos não tentar controlar tanto, responder tanto, competir tanto... Que consigamos - cada vez mais - pensar, sentir, falar e agir de modo autêntico e íntegro... Para que, no final das contas, possamos nos descobrir inundados de uma doçura capaz de mudar tudo.

Os três passos da comunicação afetuosa

Primeiro passo — **o que** *você diz!*

Vivo dizendo - vocês sabem! - o quanto é importante dialogar. Claro que esta não é uma verdade minha. Muitos já insistiram nisso bem antes de mim. Apenas repito aquilo em que acredito com o intuito de não nos deixar esquecer! Mas ainda tem muita gente que acha que dialogar é falar, falar, falar. Acredita que basta revelar ao outro o que a está incomodando, confessar seus sentimentos e pontuar o que está acontecendo de "errado" (do ponto de vista de quem fala), para que, enfim, a tarefa tenha sido cumprida.

Falar é importante, claro; aliás, falar é, muitas vezes, o primeiro passo, aquele que abre espaço para que a comunicação aconteça, especialmente nos momentos em que uma relação se torna complicada, difícil. Especialmente nos momentos de crise. Entretanto, estudos revelam que a palavra, dentro de um contexto mais amplo, que propicia a comunicação eficiente, afetuosa e gentil, representa apenas 7% – o que demonstra que alguns outros quesitos são partes indispensáveis desta arte para que o objetivo seja alcançado.

Mas antes de passarmos a eles, não podemos nos esquecer de que nada adianta falar sem estar disposto também a ouvir, num segundo momento da conversa. O problema é que a maioria de nós não sabe ouvir, e não sabe que não sabe. Não entendeu? É o seguinte: a gente costuma ir para um diálogo já levando uma porção de "respostas prontas". Convidamos o outro para uma conversa, mas apostamos (internamente) que já sabemos tudo o que ele vai dizer. Ou seja, não nos disponibilizamos para ouvir de verdade.

Estamos, geralmente, contaminados pela nossa arrogância, pelo nosso egoísmo e pela mania absurda que temos de nos considerar corretos, donos da razão, sem levar em conta o que o outro está sentindo, o quanto ele deseja ser feliz tanto quanto a gente, o quanto ele gostaria de ser compreendido, tanto quanto a gente. E o fato é que, enquanto não nos esvaziarmos dessa arrogância, não estaremos prontos para ouvir de verdade. Exatamente como no episódio entre um mestre e um discípulo, contado nesta parábola:

> *O discípulo estava realmente interessado em aprender com seu mestre, mas era suficientemente arrogante para acreditar que já sabia bastante. Entre seus amigos, julgava-se constantemente superior, dono de uma razão sempre maior que a de seus companheiros. E o mestre o observava. Ao recebê-lo em seus aposentos, para saber o que ele desejava, ouviu o discípulo pedir:*
>
> *– Mestre, quero que o senhor me transmita seus ensinamentos!*
>
> *Sobre a mesa que estava entre eles, havia duas xícaras de chá servidas. E o Mestre, antes de responder ao seu pedido, perguntou:*

– Você quer uma xícara de chá?

E ele respondeu afirmativamente, esperando que o Mestre indicasse qual xícara ele deveria pegar. Mas o Mestre pegou o bule e começou a colocar mais chá em uma das xícaras, o que fez com que o líquido, obviamente, transbordasse e se derramasse pelo pires e depois pela mesa, sendo todo desperdiçado. O discípulo, assustado com aquela atitude insana do Mestre, o advertiu:

– Mestre, a xícara já estava cheia! O senhor está jogando fora todo o chá do bule!

Ao que o Mestre lhe respondeu:

– Assim iria acontecer com você, caso eu lhe transmitisse meus ensinamentos. Vá esvaziar-se de sua arrogância e de tudo aquilo que acredita que já sabe. Somente depois, com espaço para aprender, volte aqui!

O fato é o seguinte: em qualquer relacionamento, seja de chefe-subordinado, marido-mulher, pai-filho, amigo-amigo, ouvir é essencial! Acredite! Quem não ouve se trumbica de verdade! Não tem saída! Não há paliativos! É preciso falar, mas é preciso, sobretudo, ouvir. E se a grande questão for "como?", vou tentar ajudar...

Comunicação pode ser resumida de um modo muito simples, para que se comece a entender como é que a coisa funciona: um fala e o outro, nesse momento, precisa realmente escutar. Escutar com interesse, escutar com atenção, escutar com o coração aberto! E não escutar como a maioria de nós escuta, ou seja, já pensando no que vai responder, totalmente interessado em ter razão, em derrubar o argumento do outro, em provar que ele está errado!

Assim, minha gente, não há comunicação que dê resultado! Não há relacionamento que seja harmonioso! Não há conversa que acabe em conciliação e satisfação. Por mais que um pareça estar com a razão e o outro, equivocado, o final dessa dinâmica é sempre ruim. Porque a sensação que fica é de que conversar não adianta nada. De que nunca se consegue chegar a um consenso e falar, em última instância, é pura perda de tempo! E, assim, alimentando essa crença desastrosa, as pessoas vão se falando cada vez menos, se ouvindo cada vez menos e se sentindo cada vez mais sozinhas, mais cansadas. O que deveria ser comunhão, parceria, troca ou amizade, vira silêncio, saudade e solidão!

Se você quer mudar o rumo dessa história, sugiro que comece a ouvir. É, eu sei que você vai dizer que é o outro quem não o escuta, não lhe dá atenção e nunca está interessado no que você tem a dizer. Talvez seja mesmo, mas isso não importa agora!

Se você realmente deseja recuperar a motivação de suas relações, disponha-se a ouvir o outro com todo o seu ser! Pare tudo e arrisque! Interesse-se pela vida dele e ouça a resposta! Demore ela o quanto demorar, doa o quanto doer, escute a resposta! Pode ser que venham críticas, acusações, ressentimentos passados, sujeiras serão retiradas debaixo do tapete e você sentirá vontade de se defender inúmeras vezes. Mas não faça isso! Agora não é o momento! Agora é hora de ouvir atentamente tudo o que o outro tem a dizer. Esteja interessado realmente em saber o que você tem feito, dia após dia, que o tem magoado tão profundamente. E, mais do que isso, esteja realmente disposto a fazer diferente, pelo bem de todos!

Fácil? Com certeza, não! Mas é a sua única *chance*, caso queira fugir das velhas e conhecidas soluções-relâmpago, isto é, o que a maioria das pessoas faz: ou finge que nada está acontecendo e vai empurrando a relação com a barriga, conformando-se anos a fio de que relacionamentos são assim mesmo, ou decide nunca mais falar com essa tal pessoa. Faz novos amigos, troca de emprego, troca de casamento, ignora o filho, enfim, aposta numa ilusão insana de que desta vez, com outra pessoa, numa outra relação, vai dar certo!

Pode até ser que dê, mas se der, eu posso apostar todas as minhas fichas de que, desta vez, houve diálogo e a comunicação foi soberana! Caso contrário, sinto em lhe informar: vai se trumbicar de novo!!!

Por fim, preste atenção! Por mais que as palavras ditas representem apenas 7%, esteja sempre atento à qualidade delas. Prefira as mais suaves, as mais objetivas, as mais positivas. Prefira sempre o elogio à crítica. Invista sempre mais em contar ao outro o que ele faz de bom do que o que faz de ruim.

Em vez de distorcer as palavras ou economizar os sentimentos, o que serviria apenas para aumentar a superficialidade das relações e colaborar para aprofundar os buracos internos das pessoas que passam por nossas vidas, creio que esteja na hora de aprendermos a usufruir melhor da comunicação. Seja justo e, sempre que possível, não exagere, não generalize, não invalide o que existe de gostoso numa relação ou num encontro só porque algo aconteceu de desagradável.

A respeito do que vamos ouvir do outro, penso que devemos ponderar sobre duas questões. A primeira é sobre o quanto estamos, em cada fase do nosso amadurecimento, preparados para isso – e isso significa que algumas vezes é melhor não desejar obter uma informação com a qual não saberíamos o que fazer. E a segunda é que precisamos aprender a usar as verdades para crescer e nos tornar mais confiáveis ao outro e confiantes do outro, e não para arquitetar acusações deliberadas e inúteis. Gentileza e elegância andam juntas!

Segundo passo — **como** *você diz!*

Ainda considerando o contexto amplo da comunicação, saiba que o tom de voz, ou seja, o modo como você fala com as pessoas, representa 38%. Sendo assim, ao fazermos uma análise rápida, já podemos concluir que mais importante do que o que se fala é como se fala! Leila Mendes, uma fonoaudióloga que tem se dedicado a ensinar sobre a arte da comunicação, diz que "o tom da voz é uma forma poderosa de expressar e extravasar afetos e emoções".

Mas do que mais gosto é de perceber o quanto é real o que ela fala sobre o poder da voz gentil:

A voz abraça, entusiasma, conquista, convence.

E tão verdadeiro quanto este fato é que a voz agressiva e amarga fere, destrói, ofende, magoa. Portanto, creio que seja bom começarmos a escolher, conscientemente, como falar com as pessoas, caso queiramos ter uma voz gentil.

Não foram poucas as vezes em que presenciei conversas entre pessoas em que tudo o que bastaria para um "final feliz" seria um outro modo de se dizerem as coisas, ainda que fosse exatamente o mesmo conteúdo. Comigo é assim: sei que diferentes sentimentos e percepções podem me invadir dependendo da forma como cada verdade me é dita e – claro! – com que maturidade eu me disponho a ouvi-la e interpretá-la!

E sobre o tom de voz, vale notar: quando duas pessoas que se gostam estão em sintonia, interessadas em realmente se entender, geralmente falam baixinho, muito proximamente uma da outra; porque, afinal, o objetivo é ficar bem.

Entretanto, quando não estão em sintonia, ainda que se gostem, alteram o tom, aumentam o volume e perdem a noção do que estão dizendo. E, pior do que isso: o que uma diz é, muito recorrentemente, interpretado equivocadamente pela outra.

Suponho que mais produtivo do que nos escondermos atrás das omissões ou falarmos de modo contraditório aos nossos objetivos seria apostar mais no acolhimento das diferenças, na percepção dos limites e na coerência entre o que se diz, o que se sente e o que se faz – tanto em relação a nós mesmos quanto em relação ao outro. E pode acreditar: definitivamente, não é mais ouvido quem mais grita!

Por fim, quando a gente fala com o intuito de resolver e crescer, termina descobrindo que palavras são apenas palavras (muitas vezes traiçoeiras), mas que o tom da voz está sempre carregado de desejos, sentimentos, intenções e verdades; e que os ouvidos têm de estar conectados com o coração. Esta é a ideia: uma troca íntima entre dois corações, e não meramente entre uma boca e dois ouvidos, porque somente assim os encontros fazem sentido e valem a pena!

Terceiro passo — a **coerência** *entre o que você diz e o que faz!*

Saber falar e saber ouvir ainda não é o bastante para se considerar um comunicador eficiente e gentil. Aliás, isso é só o começo, porque uma das maiores reclamações das pessoas, de modo geral, é que muito se fala, mas pouco se faz. Certamente é por isso que a atitude, dentro do contexto da comunicação, representa 55% de eficácia nos resultados pretendidos. Ou seja, não dá para falar, ouvir, conversar, dialogar e depois virar as costas e se comportar como se tudo o que foi dito tivesse "entrado por uma orelha e saído pela outra", como se diz popularmente.

É preciso agir de modo coerente. Falar e fazer. Cumprir o que foi proposto. Entender de verdade o que significa a palavra "crise" e como a gente pode resolvê-la. "Crise" vem do grego *Krísis* e quer dizer "distinguir, escolher, decidir, avaliar". Isto é, atitude! Leila Mendes também afirma que:

> *a comunicação numa crise deve ser clara e concisa, inspirar credibilidade (a pessoa fala e faz!) e os envolvidos precisam, tanto quanto possível, estar com a emoção equilibrada.*

E o objetivo deve ser sempre a conciliação, e não a autoproteção. Para tanto, ela dá algumas dicas preciosas:

- Atitude positiva e honesta.
- Sensibilidade, percepção e reflexão.
- Perceber o próprio estado mental e emocional.
- Neutralidade em relação aos outros e aos fatos.
- Construir sua impressão no outro com atos, palavras e obras cotidianas.

Ainda e sempre visando a gentileza, evite a todo custo:

- Buscar culpados acreditando que isso pode solucionar a crise.
- Adiar decisões que podem acalmar os ânimos.
- Fazer acusações e insultos pessoais.

- Cruzar os braços ou esconder as mãos.
- Tensionar o corpo.
- Gritar.

Portanto, ao se vir envolvido numa situação estressante, em que os participantes estiverem alterados, tensos e nervosos, pergunte-se: "Qual é o objetivo desta discussão?"

Se a resposta for meramente brigar, disputar um poder marginal e desperdiçar energia sem conseguir nada que realmente valha o estresse, então continue gritando, fazendo acusações, insultando e apontando culpados.

Contudo, se o objetivo for encontrar a melhor solução para o problema, entender-se com os envolvidos ou, no mínimo, evitar maiores desavenças e violência, então mantenha-se focado no nobre intuito. Fale o mais tranquilamente possível e esteja aberto para ouvir, colocar-se no lugar do outro e, sobretudo, chegar a um consenso.

Capítulo 9

Como se tornar uma pessoa gostosa!

Ao nos referirmos a essa qualidade da gostosura em se tratando de uma pessoa, tendemos dar à expressão um cunho sexual, já que nos remete ao sentido do paladar, ou seja, o prazer de provar essa pessoa e gostar. Aqui, neste caso, é mais ou menos isso, mas não é bem isso! Embora esteja me referindo àquele tipo de pessoa que você experimenta e gosta, isso nada tem a ver com a sua sexualidade ou com a dela.

Quando você mergulha no processo de conhecer alguém, está inevitavelmente experimentando essa pessoa. Seus sentimentos são naturalmente despertados, seja de prazer, horror, espanto, alegria, decepção, gratidão ou qualquer outro. Tudo vai depender do modo como o encontro entre vocês se desenrola, o que está diretamente relacionado com o seu jeito de ser e o jeito de ser da outra pessoa.

Se a experiência for ruim, desagradável, enfadonha ou dolorosa, você concluirá que essa é uma pessoa indesejável e sentirá vontade de se manter o mais distante possível dela, evitando qualquer vínculo, por mais superficial que seja. Se a experiência for boa, agradável, interessante ou prazerosa, você concluirá que essa é uma pessoa gostosa e sentirá vontade de vê-la novamente, de estreitar seus laços de afeto com ela, seja para uma amizade, uma parceria ou até mesmo um namoro.

Isso mostra que, assim como você deseja estar perto de pessoas gostosas, as pessoas à sua volta, também. E caso você seja uma pessoa gostosa, mais e mais amigos e relacionamentos prazerosos você terá! Mas o contrário também é verdadeiro. Ou seja, caso você seja uma pessoa chata, arrogante, mentirosa, grosseira ou agressiva, é bem provável que poucas pessoas suportarão ficar por perto. E as que ficarem farão isso por necessidade ou por falta de opção, para manterem uma condição socialmente imposta.

Fica fácil compreender essa verdade quando paramos para pensar nas pessoas com quem desejamos estar, nos amigos que mais procuramos quando precisamos de uma boa companhia. Do mesmo modo, quando pensamos naquelas pessoas de quem preferimos fugir, manter distância, não encontrar - especialmente nos dias em que a gentileza nos parece mais difícil.

E se você ainda está iludido com a ideia de que ser uma pessoa gostosa tem a ver com aparência e medidas, tais quais aquelas consideradas "modelos", como 90cm de quadris, 60cm de cintura e 90cm de busto, esqueça! Definitivamente, características como essas não garantem ou não são suficientes para sustentar a gostosura de uma pessoa. Basta observar, analisar e refletir! Há quem diga que a primeira impressão é a que fica! Não acredito nisso, a menos que haja somente uma oportunidade de causar a impressão. Mas como aqui estamos falando de relações, supomos que serão necessárias várias oportunidades de causar impressões no outro.

Desse modo, já deve ter acontecido de você conhecer uma pessoa que, num primeiro momento, despertou-lhe toda a atenção e ótima impressão. Cabelos lindos, olhos estonteantes, boca sensual, pele sedosa, perfume atraente, medidas perfeitas, etc, etc, etc. Praticamente tudo nessa pessoa o fez acreditar que estava diante da merecedora do troféu "mais gostosa do ano". Porém, contudo, no entanto... passados alguns meses de convivência, seja no ambiente de trabalho, em casa, seja no restaurante onde almoça todos os dias, você se viu obrigado a admitir: estava redondamente enganado. Aquela gostosura inicial foi se perdendo e dando lugar a uma feiura lamentável e, mais do que isso, insuportável.

A pessoa é grosseira, mal-humorada, vive reclamando, fala mal de tudo e de todos, é preconceituosa, arrogante e cínica. E, embora os cabelos, os olhos, a boca, a pele, o perfume e as medidas continuem exatamente as mesmas de antes, você já não consegue enxergar nenhuma beleza - que dirá gostosura! Pronto! Está desfeita a sua primeira impressão e completamente anulada a sua vontade de ficar perto dessa pessoa.

Por outro lado, também já deve ter acontecido de conhecer uma pessoa que, num primeiro momento, você nem notou. Absolutamente normal, sem nenhum atrativo aparente. Caso lhe perguntassem o que achou dela, você responderia algo como "sem sal nem açúcar". Porém, todavia, contudo... passados alguns meses de convivência, lá estava você completamente envolvido, atraído, entregue à gostosura dessa pessoa.

Sua aparência em nada mudou, mas agora - ao olhar para ela - você enxerga uma beleza incrível, como se existisse uma luz brilhante e magnética ao redor dela. Ela é sorridente, sincera, amigável, está sempre pronta para dar uma palavra de incentivo e motivação a quem estiver desanimado. É adorável, sensível, coerente, discreta e humana. Alguém com quem você pode contar sempre que precisar! Pronto! Está diante de uma pessoa gostosa, autenticamente gostosa!

E você? Prefere fazer jus ao dito popular "por fora, bela viola; por dentro, pão bolorento", cuidando somente de sua casca, mostrando sempre uma ótima aparência, ou vai investir em sua verdadeira gostosura, convencido de que realmente vale a pena se tornar uma pessoa gentil de verdade? Se quiser apostar nesse sucesso, vou lhe contar sobre algumas das melhores características da pessoa gostosa!

10 CARACTERÍSTICAS DA PESSOA GOSTOSA

1 – Abandona rótulos e clichês

Ou você abre a sua mente e o seu coração ou vai se tornar uma verdadeira máquina de rotular. Ou você dá espaço para que as pessoas mostrem o que têm de bom, ou vai se apegar a características relativamente supérfluas para julgar quem elas são. E assim, certamente, perderá a *chance* de ser gentil, de se comportar como uma pessoa gostosa. Porque uma pessoa gostosa não aceita rótulos, e muito menos imprime ou investe em preconceitos sobre quem quer que seja.

Fazer afirmações pejorativas ou limitantes, do tipo "fulano é gordo", "cicrana é pobre", "aquele candidato é negro", "aquela garota é safada", "aquele sujeito é *gay*", "aquela senhora é espírita" ou qualquer outra característica dita de forma negativa e que tente definir alguém (que tem, certamente, uma infinidade de outras características), serve apenas para acabar com a sua gostosura!

E os clichês? Acho realmente engraçado notar que as pessoas que mais repetem os clichês são as mais defendidas, as mais inseguras, as que mais estão morrendo de medo de arriscar a felicidade e errar. Não são más; apenas precisam descobrir que a vida é isto: uma sucessão de tentativas, sendo que algumas dão certo e outras, não! Os clichês preferidos são aqueles que justificam nossos fracassos. Nós, mulheres, adoramos aqueles do tipo: "Os homens são todos mentirosos e safados. Nenhum presta!" E os homens não se cansam de repetir aqueles do tipo: "Mulher é interesseira e fingida. Só querem saber do nosso cartão de crédito!" Mas esses clichês não são os únicos que só servem para nos tornar adversários uns dos outros, sem jamais revelar a verdadeira personalidade de alguém.

Quer saber de outros que adoramos imprimir aos quatro cantos? "Ninguém se preocupa com ninguém", "as pessoas só querem se dar bem, custe o que custar", "não confie em ninguém", "o dinheiro compra tudo", "não existem pessoas honestas", "se quer algo bem-feito, faça você mesmo" (este é o cúmulo da arrogância), e por aí vai. Um sem-fim de acusações generalizadas, como se de repente o mundo inteiro, mais de sete bilhões de pessoas, tivessem perdido sua singularidade, sua individualidade, sua capacidade de discernimento. Homens são isso! Mulheres são aquilo! Pessoas são assim ou assado! Como assim? Se alguém é, de fato, isso ou aquilo, pode apostar que é também muitas e muitas outras coisas.

Sim, eu sei que é só um modo de falar, mas precisamos tomar cuidado, porque, de tanto repetir clichês e rotular as pessoas, podemos começar a acreditar de verdade neles e nos tornarmos amargos e desconfiados, sem sequer percebermos! Além disso, pessoas gostosas estão muito mais interessadas e atentas às características positivas dos outros do que em aplicar clichês medíocres, ou seja, que nivelam todas as pessoas por uma média das características possíveis.

2 – *Não fica se defendendo o tempo todo*

Você já deve ter conhecido alguém que, ao ser chamado pelo parceiro, pelo chefe ou pelo síndico do prédio, já vai logo avisando: "Não fui eu; eu não fiz nada!" Pessoas que se defendem o tempo todo, que se justificam a qualquer acusação, sem nunca sequer ponderar sobre seus atos, demonstram o quanto se sentem inadequadas, inseguras e não autorizadas diante da vida.

Perdem a espontaneidade, perdem a naturalidade; parecem ter de pensar várias vezes antes de dizer o que sentem ou fazerem algo que queiram. Simplesmente não conseguem se conectar com seus sentimentos e desejos. Suas condutas não obedecem a seus valores porque, geralmente, elas nem sabem quais são seus valores. Estão ocupadas demais, empregando energia demais preparando-se para se defender!

Estão mais preocupadas em convencer a todos de que estão certas, de que nada fizeram de errado, de que não merecem ser punidas, do que em serem elas mesmas. Desperdiçam tempo demais com o que não querem e não conseguem investir de verdade naquilo que desejam. Além disso, são pessoas que, geralmente, por conta de seu alto grau de desconfiança, e, especialmente, por julgarem que os outros podem prejudicá-las a qualquer momento, costumam atacar como forma de se defenderem.

Acreditam naquela logística medíocre que dita que "quem bate primeiro ganha a briga". Assim, estão prontas para bater só para não correrem o risco de apanhar. Acontece que, por isso, terminam criando desavenças que, em princípio, não existem. Inventam problemas e se tornam um incômodo no ambiente em que vivem. São aquelas que chegam com as pedras nas mãos, sabe? Pois é, dificilmente você ou eu vamos querer ficar perto delas. Não são autênticas. Não são leves e envolventes. Não são gostosas.

Sendo assim, defenda-se menos e justifique-se menos. Ouça o que as pessoas estão dizendo a seu respeito e, mais do que explicar ou reagir, apenas reflita. Talvez elas tenham razão. Talvez estejam percebendo alguma característica sua que você ainda não percebeu. É sua *chance* de melhorar, de crescer. Aproveite, em vez de tomar esse apontamento como uma ofensa. Seja inteligente e agradeça a oportunidade de se rever. Poucas gostosuras são maiores que essa, acredite!

3 – Evita discussões desnecessárias e pessoas briguentas

Você já conheceu alguém que parece estar sempre pronto para uma briga? Será que você é assim? Geralmente, esse tipo é aquele que adora se gabar: "Dou um boi pra não entrar numa briga, mas uma boiada pra não sair" (lembra dessa crença limitante?). Enfim, pessoas que estão louquinhas para disponibilizar todo o seu rebanho permanecem sempre atentas, enxergando provocação em qualquer situação. Sentem-se facilmente agredidas, ofendidas e exaltadas. Seja no trânsito, no escritório, no bar, seja numa festa, dão um jeito de arrumar confusão, de estender um mal-entendido, de prorrogar uma discussão e levá-la às últimas consequências.

Não se dão conta de que tudo isso só serve para torná-las alvos de chacota, piada e apelidos. E pior – colocam-se na mira de perigos iminentes a troco de verdadeiras bobagens. Estão sujeitas a vinganças, agressões e exageros desnecessariamente. Tenho uma amiga que morava com um sujeito assim. Ele mesmo vivia dizendo que tinha "sangue nos olhos". Andava com o peito pra frente, como se estivesse pronto para atacar. Bastava uma brincadeira boba ou de mau gosto e ele já se sentia suficientemente instigado.

Tanto fez e tanto brigou com o mundo que, depois de se machucar inúmeras vezes, aconteceu o pior. Certa tarde, ao se envolver numa briga de trânsito com um grupo de motoqueiros, levou um tiro na cabeça e está vivendo com as sequelas de sua intransigência há anos.

Perdeu a *chance* sublime de acompanhar a infância e o crescimento de sua filha, que tinha apenas dois anos, na época. Perdeu sua própria juventude, a oportunidade de viver o amor que tinha pela minha amiga e muitas outras possibilidades que ainda estavam por vir.

E agora, ironia do destino, se vê obrigado a ter paciência, tolerância e calma diante de absolutamente tudo, simplesmente porque é dependente até para ir ao banheiro.

Pessoas gostosas se afastam das brigas, não aceitam provocações tolas, não se sentem ofendidas por pouco e evitam a todo custo entrar em discussões que não levam a nada. Vivem sob o lema do Profeta: gentileza gera gentileza! E estão sempre dispostas a serem gentis primeiro, independentemente do que lhes tenham dito anteriormente. Afinal, sabem: se você não aceita alguma coisa que queiram lhe dar, esta "alguma coisa" continua sendo de quem lhe ofereceu, e não sua! E isso vale também para os insultos e as ofensas. Aprenda com a história:

> *Um velho sábio, tido como mestre da paciência, era capaz de derrotar qualquer adversário. Certa tarde, um homem conhecido por sua total falta de escrúpulos apareceu com a intenção de desafiar o mestre. E não poupou insultos! Chegou até a jogar algumas pedras em direção ao sábio, cuspiu e gritou todos os tipos de ofensas. Durante horas, ele fez de tudo para provocá-lo, mas o sábio permaneceu impassível!*
>
> *No final da tarde, sentindo-se já exausto e humilhado, o homem se deu por vencido e foi embora. Impressionados, os alunos perguntaram ao mestre como ele pudera suportar tanta indignidade. Aí o mestre perguntou:*
>
> *– Se alguém chega até você com um presente e você não o aceita, a quem pertence o presente?*
>
> *– A quem tentou entregá-lo – respondeu um dos discípulos.*

– O mesmo vale para a inveja, a raiva e os insultos. Quando não são aceitos, continuam pertencendo a quem os carregava! A sua paz interior depende exclusivamente de você. Ninguém pode lhe tirar a calma, a menos que você permita.

4 – Tem bom humor e flexibilidade

Pessoas gostosas conseguem enxergar o lado bom da vida na maior parte do tempo. Encontram saídas e pontos positivos mesmo diante de grandes problemas. Investem em alternativas criativas, procuram a ajuda dos amigos e se abrem para aprender a fazer diferente. São, sobretudo, flexíveis. Escutam os conselhos e tiram deles o melhor para si. Não se negam a mudar de opinião ou de atitude, caso percebam que estão equivocadas. Deixam se dobrar a fim de que todos sejam beneficiados, abrindo mão de um capricho ou uma preferência pessoal.

Não são como as mal-humoradas, que basta uma chuva na manhã de segunda-feira para que o resto da semana se torne um martírio. Não são intransigentes a ponto de atrapalhar o bom andamento de uma equipe até que sua vontade seja atendida. Pessoas gostosas estão comprometidas com o bem-estar de todos, e só se dispõem a insistir num ponto de vista quando isso realmente faz diferença ou se estiverem convictas de que estão corretas.

Acima de tudo, pessoas gostosas e donas dessa característica já conhecem, de antemão, uma informação que tem feito a diferença na carreira e no sucesso de muitas pessoas: as empresas têm investido na busca e na preferência por profissionais justamente flexíveis e bem-humorados. Gentis e disponíveis. Dispostos a conciliar sempre. As empresas já compreenderam que pessoas sorridentes, de bem com a vida e que aceitam considerar um ponto de vista diferente do seu são infinitamente mais criativas, produtivas, harmoniosas e, consequentemente, lucrativas. E, assim, preferem investir em treinamentos, disponibilizar conhecimento técnico e oferecer ótimas oportunidades de salário e cargos para não perdê-las.

5 – Aprende a digerir sapos com dignidade

Quem nunca teve de engolir sapos? Certamente, quem se recusa veementemente a engoli-los, mais cedo ou mais tarde, pagará caro por isso. Todos nós já tivemos de aceitar que as coisas não poderiam ser como gostaríamos. E, daí, temos duas opções: ou ficamos a nos lamentar indefinidamente, tornando-nos pessoas chatas, rancorosas, amargas e pesadas, ou compreendemos que a vida tem seus mistérios e que é preciso ter fé e confiar tanto em si mesmo quanto num plano superior!

Todos nós temos essas duas alternativas, mas somente as pessoas gostosas é que se tornam maduras o suficiente para digerir os sapos com dignidade. E, toda vez que falo sobre esta característica em minhas palestras, gosto de contar uma história da tradição *sufi*. É sobre Nasrudin e as moedas...

> *Todas as tardes, Nasrudin ficava sentado num banco da praça. Era conhecido, por muitas pessoas, como tolo e passivo. Seu modo tranquilo de levar a vida chegava a incomodar de tal forma que se tornou motivo de piada.*
>
> *Bem perto dali, tinha um bar onde várias pessoas se encontravam para conversar e beber. E sempre havia alguém que desafiava o outro:*
>
> *– Ofereça duas moedas a Nasrudin, uma grande e outra pequena, e veja como ele é tonto...*
>
> *A moeda grande valia menos; e a moeda pequena, por sua vez, valia mais. No entanto, toda vez que alguém se aproximava de Nasrudin e lhe mostrava as duas moedas, ele escolhia a grande. E todos riam dele!*
>
> *Certo dia, depois de presenciar esta cena diversas vezes, um senhor muito bondoso foi até Nasrudin e o advertiu:*
>
> *– Meu bom homem, a moeda pequena é a de maior valor. É esta que você deve escolher para que parem de atormentá-lo.*

Ao que ele, com sua corriqueira paciência e com seu notável bom humor, respondeu ao amigo:

- Eu sei que a moeda pequena vale mais!

- Então, por que é que insiste em escolher a moeda maior? - quis saber, surpreso, o homem.

- Simplesmente porque, no dia em que eu começar a escolher a moeda menor, eles deixarão de me oferecê-las e eu deixarei de ganhar as moedas.

Quer demonstração mais explícita de como engolir um sapo com inteligência e gostosura?!? Eu sei que não é fácil enxergar o ganho no momento em que o sapo está passando, dolorosamente, pela sua garganta. Mas pode apostar que uma hora você entenderá! Agora, claro, não precisa engolir sapos indefinidamente, até adoecer ou ficar entalado. Reflita sobre seus limites, seus objetivos e os ganhos que essa situação desagradável pode lhe render em longo prazo. E se concluir que não vale a pena engoli-los, faça como mandava o sábio comunicador Chacrinha (José Abelardo Barbosa): "Pegue seu banquinho e saia de mansinho". Não precisa revidar, não precisa agredir, não precisa descontar. Simplesmente compreenda que nesta situação não cabe sua gostosura e vá em busca de sua satisfação e de seu bem-estar.

6 — Transforma seus erros em lições e se livra da culpa

Se existe um sentimento que considero realmente lamentável, e que gostaria sinceramente de abolir da face da Terra, é a "culpa". Não consegui, por mais que já tenha tentado, descobrir qual a sua função positiva. A impressão que tenho é de que a culpa é exatamente como uma poça de lama que faz atolar os carros que por ela passam. É isso: ela paralisa, faz a gente ficar patinando sem sair do lugar, e, quanto mais a gente tenta seguir em frente, mais ela espirra sujeira e se espalha por todos os lados.

Sei que haverá quem diga que ela serve para nos fazer perceber que erramos, mas não acredito nisso. Não é a culpa e sim o amadurecimento a consciência e a humildade que nos fazem reconhecer nossos erros. A culpa é pesada demais, é improdutiva demais. Entretanto, eu mesma e certamente você já nos atolamos algumas vezes neste sentimento, simplesmente porque aprendemos a nos sentir culpados desde muito pequeninos.

Pessoas gostosas tentam, tanto quanto possível, se livrar da culpa e transformar seus erros em lições. Claro que sofrem e se arrependem, mas se negam a permanecer atoladas num sentimento insano e destrutivo. Uma vez conscientes de que não agiram de modo correto, esforçam-se para não repetir tal comportamento, mas seguem em frente, não desistem da vida ou abandonam a alegria só porque erraram. Aliás, vale lembrar e relembrar quantas vezes forem necessárias: o ápice da gostosura é o perdão.

Gosto muito da visão de Gerald Jampolsky e Diane Cirincione sobre o poder do perdão:

> *A decisão de não perdoar é, na realidade, uma decisão de continuar a sofrer. Então, por que será que tantos de nós têm dificuldade em fazê-lo? Acreditamos sinceramente que é por não conhecermos a função e os benefícios de tal prática. É essencial compreendermos que perdoar alguém não significa a condenação ou a aprovação de um ato horrendo. Não significa que um determinado indivíduo não é responsável pelo que fez.*
>
> *Perdoar significa simplesmente que tomamos a decisão de curar as nossas próprias mentes deixando ir embora o passado doloroso, um passado que a nossa raiva e julgamento não podem mudar. O perdão é a ponte para o amor, a paz, a felicidade e o bem-estar. Permite dizer adeus à culpa, à culpabilização e à vergonha. Purifica o coração e a alma e põe-nos em contato com o sagrado. Através do perdão, conectamo-nos com o que é maior que nós e tornamo-nos a pessoa que Deus quis que fôssemos.*

A culpa é a autopunição. E o não perdão é a tentativa de punir o outro. No final das contas, culpa e incapacidade de perdoar é tudo veneno do mesmo frasco. Mata quem se deixa enganar por este sentimento de superioridade. Sim, porque sentir-se culpado ou não perdoar o erro do outro nada mais é do que a prova cabal de que a gente se sente maior do que a si mesmo ou do que as outras pessoas. "Como posso ter feito isso?" é a pergunta de quem se culpa... Mas eu diria: pode ter feito isso porque é gente, porque é humano, porque está na dimensão do aprendizado, que é a escola da vida. Se já fosse perfeito, teria sublimado, passado para uma dimensão menos densa que essa! E isso vale também para a pergunta: "Como fulano pode ter feito isso comigo?"

7 – Concentra-se no que realmente tem importância

Pessoas gostosas não perdem tempo com aquilo que não lhes diz respeito ou com o que não podem mudar. Existe uma espécie de oração que pede: "Senhor, dai-me forças para mudar aquilo que posso. Paciência para aceitar aquilo que não posso mudar. E sabedoria para compreender essa diferença".

E, ainda assim, tantas vezes empregamos tempo, energia e saúde em circunstâncias sobre as quais nada temos a fazer... Isso nos torna cansados, estressados, irritados, mal-humorados e chatos, muito chatos. Definitivamente, reclamações constantes acabam com a nossa gostosura! Portanto, se a faxineira do seu setor chega atrasada todos os dias, mas você não é o chefe dela e nem está sendo diretamente prejudicado por causa disso, pare de comentar com todo mundo esse fato. Pare de se incomodar com o que não lhe diz respeito.

Se o sobrinho do dono da empresa onde você trabalha vai embora, todas as sextas, depois do almoço; e se ele sai de bermuda, camiseta e você vê a prancha sobre o carro dele, pare de se torturar por causa disso. Sua vida não muda em nada diante das vantagens que ele tem por ser parente do dono. Se o seu irmão fez uma tatuagem nas costas, usa *piercing* e pinta o cabelo de verde, pare de se incomodar com isso.

Cada um tem o direito de ser como quiser ser. Será mesmo que o coração, o caráter e a gostosura de alguém podem ser medidos a partir dessas características da aparência? Estou certa de que não! Gostosura tem a ver com essência, com conduta, com escolhas éticas e com um moral digno. Sendo assim, concentre-se no que é essencial e pare de se aborrecer com o que não conta pontos e só acaba com seu ibope!

8 — Tira proveito da sabedoria alheia de forma positiva

Quando a gente entende que qualquer outra pessoa sabe de alguma coisa que a gente não sabe, descobre que sempre tem algo a aprender com quem quer que seja. Compreende, definitivamente, que todos nós somos mestres e aprendizes ao mesmo tempo. Nesse sentido, todo encontro é uma oportunidade de se tornar melhor, mais sábio. Acontece que, para tanto, é preciso humildade e discernimento. Porque até mesmo aquelas pessoas mais desagradáveis podem nos ensinar o que não fazer, como não se comportar.

E é fundamental saber distinguir entre "tirar proveito dc forma positiva" e "aproveitar-se deselegantemente" de alguém. Pessoas que se aproveitam existem aos montes, em todo lugar, mas pessoas inteligentes, perspicazes e autenticamente gostosas são mais raras.

E você pode ser assim se desejar. Basta que se decida por atitudes gentis, conciliadoras e pacíficas. Basta que entenda, de uma vez por todas, o quanto o mundo está carente de exemplos produtivos. Basta que tente, se empenhe e, apesar de todos os enganos, a sabedoria de cada um pode torná-la cada vez mais uma pessoa gostosa!

9 — Agradece pelos méritos recebidos

Se você é uma pessoa gostosa, comprometida com o bem-estar de todos (inclusive por saber que isso tem tudo a ver com o seu próprio bem-estar), coerente com seu coração e disposta a ser feliz de verdade, certamente receberá, ao longo da vida, muitos méritos. Mas, sobretudo, saberá desde sempre que ninguém ganha nada nesta vida sozinho. Contamos com a ajuda direta e indireta de várias pessoas. Seja o precioso incentivo de amigos e parentes, e até a colaboração de alguns que nem notamos, o fato é que precisamos dos outros para subir os degraus da longa escada rumo ao sucesso.

Por isso, seria uma enorme falta de gentileza se não nos lembrássemos dessas pessoas quando chegássemos lá em cima. Seria uma demonstração horrorosa de falta de consideração, de sabedoria e de gostosura. Sendo assim, fique atento. Seja grato. Demonstre o quanto a participação de cada um soa como um presente para você. E fazer isso não é um esforço; muito pelo contrário! À medida que você presta atenção, é fácil encontrar motivos para agradecer.

Eu tenho uma ótima referência disso e vou usá-la como exemplo. A Daci é uma alegre pessoa que trabalha em minha casa há mais de oito anos. Muitas vezes, quando estou por perto, escuto-a cantando enquanto varre o chão ou limpa os vidros. Outras vezes, enquanto penso que não haverá nada de interessante para o almoço, de repente sinto um cheiro maravilhoso vindo da cozinha e grito: "Daci, o que você está fazendo?" E ela dá uma de suas gargalhadas adoráveis e responde: "É surpresa. Espere até a hora do almoço e verá!" Pronto! Ela consegue transformar a minha manhã numa expectativa deliciosa.

Além disso, ela já me conhece e sabe que sou manhosa. Adoro ser mimada. Poderia ignorar isso, afinal, não está em nosso contrato que ela deve me tratar com carinho ou fazer qualquer coisa para que eu me sinta querida, mas ela é gostosa, muito gostosa! De repente, lá está ela com uma xícara de café e um pedaço de bolo quentinho, do jeito que eu tanto gosto; ou, senão, ela arruma minhas gavetas e cabides, separando tudo por cor e estação. Fico tão alegre quanto uma criança que acaba de ganhar um brinquedo. Sinto-me cuidada e adoro isso!

A Daci é parte fundamental dos meus méritos, do meu bem-estar, da minha alegria; tento, do meu jeito, fazer com que ela saiba disso. Porque, enfim, sou muito grata por ter ao meu lado uma pessoa tão gostosa. Sinto que sou realmente privilegiada pela vida e arrisco a pensar que devo ser gostosa também. Isso é empolgante e motivador!

10 — Sabe que o modo como se relaciona determina quem ela é!

O que somos, afinal, senão a soma de todas as nossas relações? O que somos senão o resultado de como nos relacionamos com a gente mesma, o resultado de como nos relacionamos com cada pessoa que faz parte de nossa vida e, sobretudo, o resultado de como nos relacionamos com o mundo, com nossa existência nele?

É exatamente o modo como tratamos e enxergamos tudo o que faz parte de nossa história que nos faz gentis ou rudes, gostosos ou amargos, agradáveis ou azedos, "ao ponto" ou estragados. Portanto, é bom que comecemos a amar muito tudo isso, a valorizar o que temos, a enxergar o lado belo e gentil da vida. Senão, ainda que conquistemos todos os bens que desejarmos, continuaremos nos sentindo vazios, perdidos e tristes.

Pense bem: de que modo você tem se relacionado? Sempre que ouço a música *A Lista*, do Oswaldo Montenegro, penso nisso... em como tenho me colocado perante o mundo. De que forma tenho encarado o passado, o presente e o futuro? Será que tenho sido adequada e coerente com o que acredito? Não foram poucas as vezes em que concluí que preciso ser mais flexível, estar mais atenta, baixar minha ansiedade e relaxar. Somente assim, conseguirei me manter gostosa por mais tempo.

Reflita com *A Lista*. Atreve-se a fazer a sua?

... Faça uma lista dos sonhos que tinha,
quantos você desistiu de sonhar.
Quantos amores jurados pra sempre,
quantos você conseguiu preservar.

Onde você inda se reconhece,
na foto passada ou no espelho de agora?
Hoje é do jeito que achou que seria?
Quantos amigos você jogou fora?...

... Quantas mentiras você condenava,
quantas você teve que cometer?
Quantos defeitos sanados com o tempo
eram o melhor que havia em você?

Quantas canções que você não cantava,
hoje assovia pra sobreviver.
Quantas pessoas que você amava
hoje acredita que amam você?...

E faço questão de me perguntar sempre: quantas mentiras condenei, e quantas tive que cometer? Quantos defeitos sanei com o tempo e hoje percebo que eram o melhor que havia em mim? Pense nisso... e trate a vida com gentileza, para que a vida seja gentil com você! Do mesmo modo, seja uma pessoa gostosa, para que a vida seja uma gostosura a ser experimentada!

Capítulo 10

Pode apostar que vale!

Depois de todos os meus argumentos e, certamente, do seu bom senso, talvez fosse óbvio pensar que não há espaço nem motivos para dúvidas, afinal, foram páginas e páginas mostrando o quão inegável é o fato de que se comportar de modo gentil traz inúmeras vantagens à sua vida. Entretanto, como sei que ser gentil neste "mundo cão" é fácil somente até que a fila do banco esteja quilométrica e a atendente trabalhe com visível má vontade, ou que o trânsito esteja caótico e os motoristas insistam em atravessar o seu caminho, vou fazer as perguntas cruéis por você, antes que você as faça num momento tão pouco motivador:

Será mesmo que vale a pena despender tanto esforço e tanta energia para aprender a ser uma pessoa gentil? Enfim, será mesmo que o mundo merece esse seu empenho? Será que as pessoas, especialmente aquelas que o afrontam e o ofendem, merecem que você as trate com gentileza, considerando ainda que isso não garante que elas mudem de atitude?

Bem, se você encara sua vida como apenas momentos desconectados uns dos outros, se você acredita que o dia de hoje nada tem a ver com o dia de ontem e também nada terá a ver com o de amanhã, talvez não valha a pena mesmo tudo isso. Se você não acredita que o mundo dá voltas e que o futuro é imprevisível diante de nossa visão limitada; se você se recusa a perceber que o Universo é justo e que toda ação provoca uma reação condizente, talvez realmente você deva desistir dessa história de ser gentil.

E, assim, talvez se sinta momentaneamente melhor se revidar, se pagar na mesma moeda e não "deixar barato" toda vez que alguém for grosseiro com você. Talvez você considere mais justo e mais coerente fazer o bem a quem bem lhe fizer, e fazer o mal a quem mal lhe fizer. Mas saiba que há quem não acredite nisso, embora também se questione sobre o quanto vale a pena esse esforço. Dalai Lama, uma pessoa exemplo, reconhecida mundialmente por seu modo extremamente gentil de conduzir os problemas e lutar por seus ideais, também já refletiu e nos deixou saber que o questionamento é absolutamente natural:

> *Às vezes, questiono se meus esforços realmente têm algum efeito. Sinto em certos momentos que, a menos que haja um maior movimento, as grandes questões não mudarão. Mas como começar este grande movimento? Originalmente, deve vir da iniciativa individual. O único modo seria através de um esforço constante, esforço incansável, perseguindo metas claras, com sinceridade. Toda vez que saio de um aposento, tento me lembrar de desligar a luz. Sob certo ângulo pode parecer tolo, mas, se outra pessoa seguir meu exemplo, e depois mais cem pessoas, haverá algum efeito. É o único modo. As grandes nações e os mais poderosos líderes não estão tendo esse cuidado. Então nós, pobres seres humanos, devemos fazer o esforço.*

Eu concordo com ele, plenamente. Não creio que sejamos inteiros em nós mesmos. Aposto no macro, no todo. Compartilho a ideia de que somos todos um, e de que, enquanto houver uma só pessoa no mundo sofrendo, doendo, ardendo de solidão e desespero, todos nós seremos afetados de alguma forma. Aldo Novak, meu amigo *coach*, jornalista e conferencista, também aposta: "Não importa o que aconteça, seja gentil com as pessoas". E pauta sua aposta numa bela frase de Ralph Waldo Emerson:

> *Nunca é cedo demais para ser gentil, porque você nunca saberá quando cedo demais será tarde demais.*

Mas eu não consigo...

Se o seu argumento ainda estiver preso a crenças limitantes como esta que adoramos repetir algumas vezes – "mas eu não consigo" –, eu lhe digo que o "não consigo" já morreu... Veja o que houve com ele! Esta história foi contada por Chick Moorman, e aconteceu numa escola primária do Estado de Michigan, Estados Unidos. Ele era supervisor e incentivador dos treinamentos que ali eram realizados e um dia viveu uma experiência muito instrutiva, conforme ele mesmo narrou:

> *Tomei um lugar vazio no fundo da sala e assisti. Todos os alunos estavam trabalhando numa tarefa, preenchendo uma folha de caderno com ideias e pensamentos. Uma aluna de dez anos, mais próxima de mim, estava enchendo a folha de "não consigo". "Não consigo chutar a bola de futebol além da segunda base." "Não consigo fazer divisões longas com mais de três números." "Não consigo fazer com que a Debbie goste de mim." Caminhei pela sala e notei que todos estavam escrevendo o que não conseguiam fazer. "Não consigo fazer dez flexões." "Não consigo comer um biscoito só." A esta altura, a atividade despertara minha curiosidade. Decidi verificar com a professora o que estava acontecendo e percebi que ela também estava ocupada, escrevendo uma lista de "não consigo".*
>
> *Frustrado com meus esforços em determinar por que os alunos estavam trabalhando com negativas, em vez de escrever frases positivas, voltei para o meu lugar e continuei minhas observações. Escreveram por mais dez minutos. A maioria encheu sua página. Alguns começaram outra. Depois foram instruídos a dobrar as folhas ao meio e colocá-las numa caixa de sapatos, vazia, que estava sobre a mesa da professora. Quando todos os alunos haviam colocado as folhas na caixa, Donna (a professora) acrescentou as suas, tampou a caixa, colocou-a embaixo do braço e saiu pela porta do corredor. Os alunos a seguiram. E eu segui os alunos.*

Logo à frente, a professora entrou na sala do zelador e saiu com uma pá. Depois seguiu o pátio da escola, conduzindo os alunos até o canto mais distante do playground. *Ali começaram a cavar. Descobri que o evento se tratava do enterro do "não consigo"! Quando a escavação terminou, a caixa do "não consigo" foi depositada no fundo e rapidamente coberta com terra. Trinta e uma crianças de dez e onze anos permaneceram de pé, em tomo da sepultura recém-cavada. Donna então proferiu os louvores.*

*"Amigos! Estamos hoje reunidos para honrar a memória do 'não consigo'. Enquanto esteve conosco aqui na Terra, ele tocou a vida de todos nós, de alguns mais do que de outros. Seu nome, infelizmente, foi mencionado em cada instituição pública – escolas, prefeituras, assembleias legislativas e até mesmo na casa presidencial. Providenciamos um local para seu descanso final e uma lápide que contém seu epitáfio. Permanecem vivos, mais do que nunca, seus irmãos e irmãs '**eu consigo**', '**eu vou**' e '**eu vou imediatamente**'. Que 'não consigo' possa descansar em paz e que todos os presentes possam retomar suas vidas sem ele. Amém."*

Ao escutar suas palavras, entendi que aqueles alunos jamais esqueceriam a lição. A atividade era simbólica: uma metáfora da vida. O "não consigo" estava enterrado para sempre. Logo após, a sábia professora encaminhou os alunos de volta à classe e promoveu uma festa. Como parte da celebração, Donna recortou uma grande lápide de papelão e escreveu as palavras "não consigo" no topo, "descanse em PAZ" no centro, e a data embaixo.

A lápide de papel ficou pendurada na sala de aula de Donna durante o resto do ano. Nas raras ocasiões em que um aluno se esquecia e dizia "não consigo", Donna simplesmente apontava o cartaz, lembrando de que aquela condição estava morta, e reformulava a frase. Eu não era aluno de Donna. Ela era minha aluna. Ainda assim, naquele dia, aprendi uma lição dourada com ela. Agora, anos depois, sempre que ouço a frase "não

> *consigo",vejo imagens daquele funeral da quarta série. Como os alunos, eu também me lembro de que "não consigo" está morto e enterrado.*

Sendo assim, sinto em não concordar com você, mas preciso dizer que o "não consigo" já morreu. E se você ainda não o enterrou, tire esse peso morto de sua vida agora, imediatamente. Escreva numa folha de papel tudo o que você achou, até então, que não conseguia fazer, inclusive essa bobagem de que "não consigo ser gentil com quem me provoca". Depois enterre a folha. Não, não é brincadeira. Faça isso mesmo. O ato de enterrar essas crenças limitantes vai fazer uma diferença incrível em sua vida! E, a partir de agora, reformule a afirmação e repita, repita, repita:

> *Eu sou gentil com todos, especialmente com aqueles que me provocam, porque sou eu que decido quem sou e como quero agir. E quero ser gentil!*

Se, ainda assim, algum dia você duvidar de que vale a pena, lembre-se de se lembrar, rápida e certeiramente: vale, vale muito!!! Basta conectar-se com a gentileza para que descubra que, felizmente, existem várias pessoas gentis perambulando pelo mundo, salvando vidas, transformando corações, renovando esperanças. E, agora, quero propor um código de conduta da gentileza. A essência do texto não foi criada por mim, mas faço minhas as palavras encontradas nele, porque me servem como guia toda vez que me sinto fraquejando.

CÓDIGO DE CONDUTA DA GENTILEZA

Se eu pudesse instituir um código de conduta da gentileza, lançaria mão da sabedoria de quem escreveu um texto que é, na minha opinião, perfeito! Infelizmente, o recebi sem o nome do autor e, ao pesquisar, nada encontrei além da seguinte referência: "Este texto foi encontrado pela primeira vez na velha Igreja de Saint-Paul, Baltimore, em 1692". Aprecie à vontade!

DESIDERATO

Vá placidamente por entre o barulho e a pressa e lembre-se da paz que pode haver no silêncio. Tanto quanto possível, sem capitular, esteja de bem com todas as pessoas.

Fale a sua verdade, serena e claramente; e escute os outros, mesmo os estúpidos e os ignorantes, pois também eles têm a sua história. Evite pessoas barulhentas e agressivas. Elas são tormento para o espírito.

Se você se comparar aos outros, pode tornar-se vaidoso e amargo, porque sempre haverá pessoas em melhores e em piores condições que a sua. Desfrute suas conquistas assim como seus planos.

Mantenha-se interessado em sua própria carreira, pois ela, mesmo que humilde, é o que realmente você possui na sorte incerta dos tempos.

Exercite a cautela nos negócios, porque o mundo é cheio de artifícios, mas não deixe que isso o torne cego às virtudes que existem; muitas pessoas lutam por altos ideais, e por toda a parte a vida é cheia de heroísmo.

Seja você mesmo. Principalmente, não finja afeição, nem seja cínico sobre o amor, porque, em face de toda aridez e desencantamento, ele é perene como a grama.

Aceite gentilmente o conselho dos anos, renunciando com benevolência às coisas da juventude. Cultive a força do espírito para proteger-se num infortúnio inesperado, mas não se desgaste com temores imaginários. Muitos medos nascem da fadiga e da solidão.

Acima de uma benéfica disciplina, seja gentil consigo mesmo. Você é filho do Universo, não menos que as árvores e as estrelas. Você tem o direito de estar aqui e, quer seja claro ou não para você, saiba que o Universo se desenrola como deveria. Portanto, esteja em paz com Deus, qualquer que seja a sua forma de concebê-lo.

E, seja qual for sua lida e suas aspirações, na barulhenta confusão da vida, mantenha-se em paz com a sua alma. Com todos os enganos, penas e sonhos desfeitos, este é ainda um mundo maravilhoso. Esteja atento. Empenhe-se em ser feliz!

Gosto demais desse texto, e não é de hoje! Cada frase tem um presente, uma dádiva incontestável. Mas as duas primeiras faço questão de repetir para mim mesma o maior número de vezes possível:

> *Vá placidamente por entre o barulho e a pressa e lembre-se da paz que pode haver no silêncio. Tanto quanto possível, sem capitular, esteja de bem com todas as pessoas.*

Sugiro que você selecione a sua frase, não necessariamente desse texto que escolhi, mas aquela que o remeta a um estado de paz interior suficiente o bastante para que você se sinta fortemente gentil, quando mais precisar. Por fim, convido a todos para copiar e colar esta frase no maior número de lugares possível: na janela do seu quarto, na porta do banheiro, na geladeira, no computador, na mesa de trabalho, no vidro do carro, na capa do caderno, na agenda, enfim, em todos os lugares visíveis:

> ***Gentileza gera gentileza***
>
> ***José Datrino – o Profeta Gentileza***

Faça o teste e confira! Se não der certo, escreva-me e faça sua reclamação. E, se der certo, escreva-me também para contar. De qualquer forma, eu sentirei, você sentirá, nós sentiremos... inevitavelmente!

BIBLIOGRAFIA

- *O Poder do Agora* - Eckhart Tolle - Editora Sextante.
- *Um Novo Mundo – O Despertar de uma Nova Consciência* - Eckhart Tolle - Editora Sextante.
- *O Caminho da Tranquilidade* - Dalai Lama - Editora Sextante.
- *O Caminho para o Amor* - Deepak Chopra - Editora Rocco.
- *Vivendo, Amando e Aprendendo* - Leo Buscaglia - Editora Record.
- *Ansiedade e Depressão* - Shirley Trickett - Editora Paulinas.

OUTRAS OBRAS DA AUTORA

- *Faça o Amor Valer a Pena* - Editora Gente.
- *Alma Gêmea – Segredos de um Encontro* - Editora Alaúde.
- *Amor – Sem Regras para Viver* - Editora Alaúde.
- *10 Passos para um Grande Amor* - Editora Mercuryo.
- *10 Passos para um Dia Feliz* - Editora Alaúde.

INFORMAÇÕES SOBRE PALESTRAS

palestra@rosanabraga.com.br

CONTATOS COM A AUTORA

rosana@rosanabraga.com.br

www.rosanabraga.com.br

Postura Profissional

Um verdadeiro manual que explica e orienta o profissional sobre a importância do marketing pessoal e as formas corretas de se vestir e se comportar no ambiente de trabalho.

Direciona profissionais e empresas sobre a importância do cuidado com a imagem num mercado de trabalho bastante competitivo, onde um deslize pode custar caro para uma carreira. Hoje em dia, ao avaliar um candidato a emprego, não são mais somente as qualificações profissionais, como cursos e idiomas, que contam. As atitudes e o temperamento são características fundamentais num processo seletivo. Carisma, simpatia, bom humor, autocontrole, liderança e proatividade são tão importantes quanto um curso de informática.Ter uma postura profissional correta significa manter um emprego e até conseguir se destacar em relação aos demais. Uma obra de suma importância para todas as profissões.

Autora: Rosana Fa
Nº de páginas: 96
Formato: 16 × 23cm

MOTIVAÇÃO - HOJE E SEMPRE

"Motivação – Hoje e Sempre" foi pensado para ser um livro de cabeceira, no qual podem ser encontradas reflexões rápidas e de aplicação prática ao cotidiano. Paulo Araújo, com uma linguagem simples e eficaz, ensina como fazer a diferença no ambiente de trabalho e na vida pessoal, despertando o entusiasmo e ajudando a desenvolver talentos. São cerca de 50 pequenas crônicas e reflexões, com exercícios ao final de cada uma delas, sempre procurando despertar o leitor para o fato de que a motivação é o grande diferencial profissional nos dias atuais.

Autor: Paulo Henrique de Araújo
Nº de páginas: 184
Formato: 16 × 23cm

Cortesia ao Telefone e Atendimento ao Cliente

Este é um manual prático destinado ao autotreinamento e à preparação de equipes. São ensinadas técnicas para o atendimento ao telefone, que ajudarão aos profissionais de vendas no tratamento com os clientes. Se a empresa levar em conta que o custo de atrair novos consumidores pode ser cinco vezes maior do que o de manter o cliente atual feliz, verá que cuidar da Qualidade dos produtos, serviços e do atendimento é um investimento que garante alto retorno.

Autor: Lloyd Finch
Nº de páginas: 80
Formato: 20,5 × 25,5 cm

Dados Técnicos:

• Formato:	16 x 23 cm
• Mancha:	12 x 19 cm
• Fonte Títulos:	Trebuchet MS
• Fonte Texto:	ITC Officina Serif Book
• Corpo:	11
• Entrelinha:	15
• Total de Páginas:	144
• 1ª Edição:	2010
• 2ª Reimpressão:	2013
• Gráfica:	Blue Print Gráfica e Editora